LA
COMPTABILITÉ

EN PARTIE SIMPLE

DES FABRICANS ET ENTREPRENEURS,

SPÉCIALEMENT APPLIQUÉE

A LA MENUISERIE ET A L'ÉBÉNISTERIE,

Par AIMÉ LANDRAGIN,

Menuisier-Ebéniste, Editeur.

PRIX : 4 FRANCS.

PARIS,

AU BUREAU DU JOURNAL DES PEINTRES,

PLACE ROYALE, N° I.

ET CHEZ TOUS LES LIBRAIRES.

—

1835.

LA
COMPTABILITÉ

EN PARTIE SIMPLE

DES

FABRICANS ET DES ENTREPRENEURS.

COSSE, APPERT et BACQUENOIS, IMPRIMEUR,
rue Christine, n° 2

LA
COMPTABILITÉ

EN PARTIE SIMPLE

DES FABRICANS ET ENTREPRENEURS,

SPÉCIALEMENT APPLIQUÉE

A LA MENUISERIE ET A L'ÉBÉNISTERIE,

Comprenant plusieurs manières de se rendre compte du produit d'un Atelier,
d'une Fabrique, etc. ;

suivie

DE NOTES SUR L'ÉCONOMIE INDUSTRIELLE ET SUR LES LOIS RELATIVES A CETTE
PROFESSION,

Ouvrage entièrement nouveau, orné de planches gravées au trait pour faciliter
l'intelligence du texte.

Par AIMÉ LANDRAGIN,
Menuisier-Ébéniste, Éditeur.

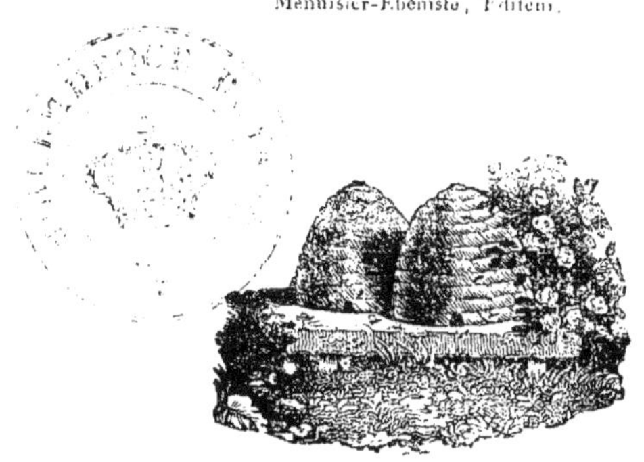

PARIS,

AU BUREAU DU JOURNAL DES PEINTRES

PLACE ROYALE, N° 1.

—

1835.

PRÉFACE.

—

INTRODUCTION.

Cette comptabilité, applicable à toutes les industries, l'est plus particulièrement à l'art du menuisier-ébéniste, pour lequel elle a été spécialement composée et perfectionnée; menuisier-ébéniste lui-même, et employant constamment dans ses ateliers un nombre d'ouvriers plus ou moins considérable, l'auteur s'est assuré par des observations soutenues des avantages qu'elle garantit; et c'est avec une confiance aussi absolue que fondée, qu'il en entreprend la publication.

Il est pour tout entrepreneur d'industrie un principe incontestable : C'est que le temps, la marchandise, les faux frais nécessités par l'ouvrage sont de l'argent. Nous pourrions même aller plus loin, et dire avec le sage Franklin, que l'économie, l'ordre dans la dépense, l'assiduité au travail, et l'exactitude à remplir ses obligations sont aussi pour lui de l'argent. De plus, l'argent doit produire de l'argent, celui qu'il produit en doit donner d'autre et ainsi de suite. Hé bien! toute notre comptabilité repose sur ces principes et fait voir entre autres considérations, 1° que celui qui par son travail peut gagner 6 francs par jour, reste oisif une moitié de la journée, doit compter qu'il a déboursé réellement 3 francs, outre la dépense qu'il aura pu faire, ou que si un ouvrier devant fournir 13 heures de travail pour 3 francs 25 centimes, perde chaque jour 1 heure; il est évident que le maître perd 25 centimes par jour; or, cette perte renouvelée 25 fois par mois, fait 75 francs par an, et cela seulement sur un seul ouvrier ; 2° que si la marchandise n'est pas débitée avec économie, la perte de quelques sous par jour forme une somme au bout de l'année, qui n'est pas sans influence sur l'avenir, car l'eau qui tombe constamment goutte à goutte finit par creuser la pierre ; 3° que si les faux frais ne sont pas appréciés par des moyens exacts, on s'éblouira sur ses bénéfices apparens, et l'on ne s'apercevra de la maladie qui mine l'établissement que lorsqu'il n'y aura plus de remède. Enfin, la suite de cet ouvrage prouvera qu'ignorer les détails d'un établissement ou ne les connaître qu'à peu près, c'est travailler sur un volcan qui tôt ou tard fait explosion, car il n'est maison au monde, si solide qu'elle soit, qui ne s'écroule enfin sous la répétition des pertes mêmes les plus minimes.

Il faut bien remarquer, dit M. Morisot, dans l'introduction du premier volume de sa Comptabilité, page 163, que le défaut de principes exacts, pour l'évaluation des travaux de bâtimens, fournit une arme à deux tranchans, qui peut frapper l'entrepreneur tout aussi bien que le propriétaire qui fait bâtir.

A vrai dire même, cette arme est moins dangereuse pour celui-ci ; car, s'il est frappé, il ne l'est au moins qu'une fois, parce qu'on ne fait pas bâtir tous les jours.

Il n'en est pas de même des entrepreneurs dont l'état et l'existence sont sans cesse menacés par ce défaut de principes fixes sur la manière d'évaluer le prix de leurs travaux.

Celui qui croirait, parce qu'il est seul ou qu'il a peu d'ouvriers pouvoir se passer d'ordre et négliger de se rendre scrupuleusement compte, ne pense pas comme nous, ni comme M. Bergery. (*Économie Industrielle du fabricant*, page 23.)

Il s'exprime ainsi : « Je puis même dire que les principes de « l'économie sont d'autant plus nécessaires, qu'on dirige une « fabrique moins considérable ; leur observation peut seule per-« mettre de soutenir la concurrence des grandes manufactures, et « souvent elle suffit pour la faire soutenir avec avantage. »

Il dit aussi page 7, la Théorie de l'industrie, ou l'*Économie Industrielle*, est en général aussi nécessaire au fabricant, que celle des machines au mécanicien, que celle de la géométrie à l'ingé-

rieur. Sans elle, vous ne seriez pas plus expert dans l'art de vous
créer un revenu, que vous ne seriez propre à construire une bonne
machine, sans la connaissance de la mécanique.

« Que les chapeliers, les tanneurs, les drapiers, les ébénistes,
« les ferblantiers et tous ceux qui exercent des métiers comme
« maîtres, ne s'imaginent pas que l'*économie du fabricant* n'est
« point faite pour eux, puisqu'ils confectionnent des produits en
« travaillant sur des matières et dans des ateliers dont ils sont
« propriétaires, ils doivent se croire tous aussi bien fabricans que
« ceux qui exploitent des forges, de grandes papeteries, de vas-
« tes filatures ; leur modeste industrie et celle des plus riches
« producteurs prospèrent ou périssent en vertu des mêmes lois. »

Que les ouvriers et les commis qui ont l'ambition louable d'é-
lever un jour des fabriques, ne se persuadent point qu'il leur suffira d'être initiés dans les secrets d'un maître habile. Je les plaindrais et je plaindrais la France à qui leur aveuglement annoncerait
une nouvelle génération peu propre à faire croître la prospérité
publique. Des faits instruisent, sans doute, mais l'instruction
qu'ils donnent est incomplète et souvent dangereuse, lorsqu'on
ne sait point apprécier l'influence du temps et des circonstances,
ni modifier ses règles de conduite selon la marche des choses ; et
comment acquérir la faculté de le faire, si l'on ne s'exerce pas à
réfléchir sur les phénomènes de la production et de la consommation, si l'on ne médite pas profondément les principes de l'économie industrielle ?

Tous ces principes tendent à établir l'égalité entre le prix des
produits et les frais de fabrication, de manière à ménager un
honnête bénéfice au producteur : ou ce qui est la même chose, les
conséquences certaines de l'observation de ces principes, sont
l'accroissement des fortunes particulières et l'accroissement simultané de la richesse publique. Je dis simultané, parce que s'enri-
chir en appauvrissant les autres, ce n'est pas augmenter les capitaux du pays ; c'est effectuer un simple déplacement des richesses,
et la science de l'économie, toujours d'accord avec la morale la
plus pure, n'enseigne pas les moyens de réussir dans une telle
opération ; bien loin de là, elle la condamne et montre que le ré-

sultat en est déplorable, lors même qu'il n'est pas absolument criminel. »

Apprendre à mettre de l'ordre dans les plus petites choses, indiquer les économies possibles, en temps, matières et faux frais, donner les moyens faciles de connaître en détail la valeur de chaque ouvrage, puis, faire connaître en particulier le bénéfice obtenu sur chacun, sans être astreint à tenir des livres réguliers; tel est en abrégé le but que nous nous sommes proposé en faisant cet ouvrage. C'est aux industriels auxquels il est dédié, à juger notre travail et à l'appliquer convenablement.

Il est reconnu que la tenue des livres ne consiste pas tant dans l'habileté avec laquelle on passe tel ou tel article plus ou moins compliqué, que dans le choix des divisions, dans la classification que l'on adopte dans tous les comptes: si la classification est mauvaise, il n'est guère possible de se rendre raison de chacune des branches de son industrie ou de son commerce, tandis qu'avec une bonne classification, on peut connaître quand on veut sa situation dans les moindres détails.

Pour éviter la confusion qui aurait résulté inévitablement, du mélange sur un seul registre de beaucoup de comptes de diverses natures, nous avons divisé cette comptabilité en autant de registres particuliers qu'il y a d'objets distincts, et, autant qu'il nous a paru nécessaire à sa clarté et surtout à son abréviation, et de plus, pour jouir du précieux avantage de pouvoir faire imprimer ou lithographier une grande partie des écritures nécessaires ainsi que les réglures. Cette disposition des registres ainsi préparés épargne au maître ou au sous-chef un temps considérable; enfin elle simplifie au dernier degré l'étude de cette tenue des livres, en la mettant à la portée des ouvriers qui ont peu l'habitude d'écrire.

Nous ne saurions trop tôt faire remarquer que cette méthode ne ressemble aucunement aux livres des négocians et des marchands, en partie double ou simple qu'il faut tenir avec une scrupuleuse régularité pour en obtenir des résultats satisfaisans; et même faire des inventaires chaque fois que l'on veut connaître ses bénéfices et sa situation: tandis que, par notre méthode, on peut négliger les livres et les reprendre toutes les fois que l'on désire ne se rendre compte que du bénéfice obtenu sur telle ou telle entreprise, sans avoir égard aux autres travaux qui s'effectuent en même temps dans l'atelier.

Mais si l'on veut connaître entièrement les bénéfices et les produits bruts d'un mois, d'un an plus ou moins, il suffit alors de tenir en ordre seulement les deux principaux registres, c'est-à-dire le journal des travaux et celui de la main-d'œuvre pendant un mois ou une année, etc.

Quatre registres de notre méthode suffisent pour faire toutes sortes de comptes de menuiserie et d'ébénisterie; nous en avons composé d'autres que l'on peut nommer les auxiliaires des premiers. C'est non seulement pour la compléter mais encore pour que tous les registres cadrent bien ensemble par leur uniformité et leur correspondance réciproque.

Celui dont on se sert le premier, c'est le *Journal des travaux*, il a spécialement pour objet de recevoir l'inscription détaillée des commandes à mesure qu'elles sont faites, ce registre est toujours utile, lors même qu'on ne suivrait pas le reste de la méthode. Voyez le texte page 4, le modèle fin du volume, et les notes sur ce registre immédiatement après celles des sous-détails.

Le deuxième est appelé *Journal de la main-d'œuvre*, son nom seul en désigne l'usage; la disposition de ses colonnes et le n° d'ordre offrent de grands avantages pour retrouver en tout temps les occupations des ouvriers après chaque ouvrage. Voyez ce modèle fin du volume et à la table, le chiffre de la page où est décrit la manière de s'en servir.

Le troisième est le registre *du débit des bois;* de quelque manière qu'on fasse l'estimation des bois fournis pour un ouvrage, on pourra toujours le porter sur ce registre qui se centralise avec le journal des travaux et celui *des sous-détails*, par le renvoi des folios d'un registre à l'autre.

Le quatrième enfin, est un registre où l'on rassemble tous les détails de temps passé par le maître et les ouvriers; où l'on porte l'estimation de tous les frais proportionnels à l'ouvrage, ainsi que les fournitures en tous genres.

Ce livre, entièrement nouveau, est la base de cette nouvelle méthode. Nous l'avons nommé *analyse des sous-détails*. Chaque feuille du registre *des sous-détails* contient 32 articles. Cette division est suffisante pour faire, par le moyen de quelques chiffres, toutes sortes d'estimations soit en menuiserie soit en ébénisterie, et pour faire connaître les bénéfices nets et réels que l'on obtient sur chaque ouvrage ou chaque entreprise en particulier.

Quant aux autres registres de *l'achat des bois*, des *comptes courans* et celui de la *paie des ouvriers*, l'inspection seule suffit pour les faire comprendre. Cependant on trouvera à la table le chiffre de la page qui en indiquera l'usage.

L'étude de cette méthode se réduit à apprendre à bien distinguer ce qui convient à chaque article *des sous-détails*, et à y porter la valeur au prix coutant.

Pour abréger cette étude, nous avons divisé le texte de la méthode proprement dit, des observations étendues qui en dépendent, observations que nous avons désignées sous le nom de notes *des sous-détails*.

Aux six premiers articles de ce registre, on porte par heures et minutes, le temps passé par le maître ou par le sous-chef aux opérations désignées par ces articles, et le total des heures étant multiplié par le prix de l'heure, donne la valeur de ce temps. Voir le tableau *des sous-détails*.

L'art. 7 des mémoires sera mieux placé à l'art. 27 comme il est dit à la fin de la note 7.

L'art. 8 fait connaître comment on doit compter la main-d'œuvre.

L'article 9 et la note 9 instruisent sur les frais d'outils.

Le capital engagé dans les outils ne peut changer de forme ou d'état sans perdre de sa valeur, et le temps et l'âge le détruit ; c'est pour cette raison que nous avons fait un article aux faux frais de main-d'œuvre.

L'art. 10 montre comment on compte le bois débité et le moyen employé pour retrouver au besoin le débit.

L'art. 11. Quand et comment on doit comprendre les calibres comme frais de l'ouvrage, et la manière de les apprécier à leur juste valeur.

L'art. 12. L'importance des frais annuels et leurs répartitions proportionnelles sur chaque ouvrage.

L'art. 13. Les frais qui pèsent sur le maître lorsque tous ses établis ne sont pas occupés.

Les art. 14 à 24, démontrent aussi la manière de compter et classer en leur lieu, les divers faux frais et fournitures que leurs titres désignent.

L'art. 25 démontre évidemment les pertes importantes qu'éprouve l'entrepreneur qui néglige de compter l'intérêt des fonds qui circulent dans son établissement, et combien cet intérêt mine ses bénéfices.

L'art. 26 doit donner exactement le chiffre du prix coûtant de l'ouvrage, en argent déboursé, en temps passé et en faux frais.

L'art. 27 sert de base à nos calculs; l'expérience et les notes *des sous-détails* apprendront à quel bénéfice doit s'arrêter l'entrepreneur qui veut faire face à ses affaires.

A l'art. 28 est portée la somme demandée par le mémoire, afin de lui comparer la somme obtenue et de faire apprécier à l'entrepreneur les réductions qu'on lui fait subir.

Enfin l'art. 32 lui donne son bénéfice net ou le revenu net de l'entrepreneur qui ne travaille point, c'est-à-dire qui ne fournit que son industrie. Toutes les fournitures et les frais ayant été portés au prix coûtant.

DU BESOIN DE SE RENDRE COMPTE,

et de l'utilité d'une tenue de livres spécialement appliquée à la menuiserie et à l'ébénisterie.

(Premier article.)

Quoiqu'un grand nombre de personnes, écrivains et économistes, s'occupant du bien général, se soient prononcées depuis long-temps sur l'indispensabilité d'une bonne tenue de livres, ainsi que sur les nombreux avantages que devaient en retirer chaque fabricant en particulier et la société entière, il en est encore pourtant qui ignorent jusqu'à quel point la prospérité d'un établissement en dépend, et qui ne s'aperçoivent pas que ce n'est presque toujours qu'à un défaut d'ordre ou de bonne tenue dans les registres, qu'il faut encore attribuer la chûte de presque toutes les maisons de commerce et de fabrication, ou les grands retards dans le succès d'une industrie.

Je vais donc tâcher de faire comprendre ici, le plus brièvement possible, combien la publication d'une méthode appliquée spécialement à la menuiserie et à l'ébénisterie, serait susceptible de devenir à la fois, pour toutes les personnes de cette profession, non seulement une source réelle d'avantages et d'économies, mais encore un moyen puissant de prospérité future.

Je ne parlerai pas de ceux qui ne tiennent aucune espèce d'écritures; on ne saurait raisonnablement supposer qu'il en existe, à moins pourtant que ce ne soient quelques ouvriers isolés, travaillant peu; encore faudrait-il que ceux-là fussent doués d'une mémoire peu commune pour ne jamais rien omettre qui touche leurs intérêts, lorsque plusieurs notes leur sont demandées précipitamment, et que, feignant de les avoir perdues et pour les éprouver , on se fait un malin plaisir de les leur demander une nouvelle fois long-temps après.

Mais ceux qui ne tiennent que des notes imparfaites soit du temps, soit des fournitures employées à la confection de leurs travaux ; qui ne comptent que vaguement et selon de vicieuses coutumes, ou d'après de simples aperçus, quelquefois même pas du tout, les nombreux faux-frais auxquels tous sont généralement exposés ; qui s'imaginent que le prix fixé pour les journées et pour les travaux en général est plus que suffisant pour les entretenir honorablement ; qui travaillent enfin tard et matin, craignant surtout, disent-ils, d'employer leur temps à d'inutiles écritures, ou à des tenues de livres qui, selon eux, ne peuvent aucunement avancer l'ouvrage ; ceux-là sont bien certainement restés dans une dangereuse erreur ; ceux-là, dis-je, sont loin d'entendre leurs véritables intérêts, et courent évidemment les mêmes risques que ceux dont j'ai voulu parler dans le premier paragraphe de cet article.

En effet, ne le gaspilleront-ils pas bien plus sûrement , ce temps si précieux et dont ils se prétendent si économes, toutes les fois qu'il leur faudra établir leurs comptes ou cataloguer leurs travaux ; car alors combien ne leur faudra-t-il pas interroger, supplier, tourmenter même leur mémoire pour obtenir enfin d'elle tant de petits détails la plupart inaperçus, qu'ils auront si dédaigneusement négligé , nous le répétons, de classer par ordre , lorsqu'il en est temps encore, dans un livre exclusivement destiné à cet usage.

Et si les personnes qui les auront employées sont adroites , ou si ces personnes, contrairement à leur opinion, n'ont pas toutes également pensé comme eux, que c'était un temps follement perdu que de l'employer à mesurer, vérifier, enregistrer elles-mêmes tous leurs

travaux ; et que, après l'avoir fait, toujours persévé-
rantes dans le même système, elles veuillent encore en
sacrifier une petite partie à disputer avec eux, dans l'espoir
d'en obtenir des réductions plus ou moins fortes lorsque le temps en sera venu ; qu'opposeront-ils alors aux
argumens irrésistibles dont elles se seront sagement ar-
mées d'avance pour arriver à des résultats tout-à-fait
hostiles ou contraires à leurs intérêts? Chancelans dans
leurs réponses et peu préparés à un genre de combat
qu'il leur eût été difficile de prévoir d'abord, toutes les
objections qu'ils pourront faire, n'étant ni sûres ni calmes,
réfutées aussitôt d'une manière à la fois décisive et vic-
torieuse par leurs adversaires, ils demeureront alors sans
force pour les défendre ; et des rabais considérables
dont on ne saurait bien prévoir ni les conséquences, ni
le terme, devenus les suites inévitables d'une insou-
ciance que rien ne saurait excuser, viendront apprendre
enfin, mais un peu tard pourtant, à ces grands économistes de temps, que la seule, la véritable économie,
ne consiste pas seulement à n'en perdre que le moins
possible, mais encore à savoir le distribuer sagement, et
surtout à bien connaître d'avance ce que coûtera l'ouvrage achevé, pour ne jamais s'exposer à perdre, dans
un instant, le fruit d'un long travail amassé avec peine.

Telle est une petite partie seulement des nombreux
avantages de la nouvelle tenue des livres que j'offre ac-
tuellement aux menuisiers-ébénistes, et tel est le but
spécial d'utilité que je me suis surtout proposé en le
publiant : épargner le temps, arriver le plus près possible de la juste estimation, et prouver qu'il ne peut
exister ni prix courant, ni prix fait sur des travaux dans
lesquels la valeur de tout ce qui les constitue est variable.

INSTRUCTIONS

Sur le Journal des Travaux.

Le *Journal des Travaux* est le registre sur lequel on inscrit, sans lacune et dans l'ordre naturel des dates, tous les ouvrages fabriqués dans les ateliers de celui pour le compte duquel les livres sont ouverts.

Chaque objet fabriqué, ayant déterminé l'emploi d'un temps quelconque pour sa confection, occupera sur ce registre un article particulier qui sera désigné par un numéro d'ordre.

Le numéro d'ordre, placé en tête de chaque paragraphe du *Journal des Travaux*, est susceptible d'offrir de grands avantages en matière de tenue de livres, attendu que, répété en marge de chaque article correspondant du livre auxiliaire, seul, il peut désigner tout un article, et épargner par là un double emploi de détails et d'écritures; de plus, il évitera toute espèce de confusion, soit dans l'énoncé des ouvrages de même nature, soit dans celui des dates de confection, comme il sera aisé de s'en convaincre ci-après.

Les colonnes, existant dans le journal et dans les registres auxiliaires de cette méthode, sont tracées et désignées d'avance, dans le but d'épargner un temps précieux aux chefs d'établissemens et de les conduire, sans peine comme sans travail, à des résultats toujours prompts et toujours certains. Elles ont encore pour but principal la propreté des écritures et l'ordre qui forcent la confiance, facilitent les recherches, et offrent enfin au maître le précieux avantage de pouvoir constamment se rendre compte de l'état exact de sa maison.

Pour mieux faire comprendre encore leur utilité, je

vais donner ici pour exemple deux ouvrages bien connus ; quatre croisées et une commode, je suppose, afin
que chacun dans sa partie puisse aisément en sentir
toute l'importance, et y faire de suite toutes les appli-
cations convenables à toutes sortes d'ouvrages.

Lorsqu'on aura pris la mesure d'une ou de plusieurs
croisées d'égale dimension, on aura soin de l'inscrire le
plus tôt possible sur le journal, et d'y joindre toutes les
observations importantes qu'une mémoire fautive pourrait laisser échapper. On y portera également la date de
la commande ou de la prise de mesure : on verra par la
suite que cela pourrait n'être pas tout-à-fait inutile.

Ces croisées composant le premier article à porter sur
le *Journal des Travaux*, on aura pour le numéro d'ordre le numéro 1, qu'on écrira, puis le nom de la personne pour le compte de laquelle elles auront été commandées, qu'on écrira de même : ensuite on détaillera
lesdites croisées comme pour un mémoire à présenter,
et on y ajoutera toutes les observations que l'on croira
nécessaires (Voyez le modèle du *Journal des Travaux*).

Si le second article à porter au journal était une commode, on procéderait de la même manière qu'on a déjà
fait pour les croisées, c'est-à-dire qu'on inscrirait pour
le numéro d'ordre le n° 2, le n° 3 pour un troisième article, le n° 4 pour un quatrième, et ainsi de suite, quel
que soit d'ailleurs le genre et quel que soit la dénomination des objets qu'on aurait à porter.

Voilà, en peu de mots, ce à quoi se réduisent toutes
les formalités et toutes les insertions à faire au *Journal
des Travaux*. On peut déjà prévoir que de cette manière aucun ouvrage ne pourra ni s'oublier, ni se confondre, puisque jamais il ne pourra s'y rencontrer deux
numéros d'ordre semblables. Ce journal peut être également utile et avantageux pour tous les genres de fabri-

cation quelconque ; et soit que l'on adopte entièrement
ou non la méthode que je présente au public, ce premier
livre devient absolument indispensable à toutes les clas-
ses d'industriels en général.

JOURNAL

Des Mains-d'œuvre.

Si on occupe des ouvriers à la journée, nul doute qu'il
ne faille enregistrer avec le plus grand soin tout le temps
qu'ils auront consacré au travail, afin de faire leurs
comptes le plus judicieusement qu'il sera possible. A
cet égard, il n'y a point de règle déterminée, et chacun
a dû adopter une manière plus ou moins bonne de se
rendre compte. Cependant la méthode que j'offre ici
réunit encore, sous ce point de vue, tous les avantages
qu'on peut raisonnablement désirer; savoir : clarté, précision, exactitude, étendue dans les détails et prompti-
tude dans les résultats.

Je vais en donner ici un seul exemple qui sera suffisant, je pense, puisque ce seront toujours les mêmes
opérations à faire pour tous les travaux qui pourraient
survenir.

Sur le dernier feuillet du *Journal des Mains d'œuvre*
ou Livre des ouvriers, devra être réservée une table sur
laquelle on portera les noms, prénoms et lieux de nais-
sance de tous ceux qu'on pourra occuper en cette qualité, ainsi que les folios indicateurs du temps et des occupations de chacun d'eux pour tous les jours du mois,
comme pour tous les mois de l'année.

La planche-modèle du journal des mains-d'œuvre,
est un exemple de ce temps, c'est-à-dire de celui qu'a
employé l'Animé, ouvrier menuisier, après les croisées

n. 1, et la commode n. 2, et autres ouvrages. (Voy. cette pl.)

On voit, d'après cela, que rien n'est en effet plus simple que cette méthode, et que, cette opération étant terminée, on trouvera nécessairement dans sa colonne, que l'on pourra additionner quand on voudra, non-seulement le relevé de toutes les heures de travail de cet ouvrier, mais encore celui du temps qu'il aura employé à confectionner tel ou tel ouvrage.

Si plusieurs ouvriers avaient participé à la fois au même travail, et que chacun y eût coopéré séparément, on réunirait alors toutes les sommes au registre des sous-détails (Voir le modèle, art. 8). Et celui qui serait curieux d'acquérir des données absolument positives sur le temps employé par les ouvriers aux pièces dans la confection de leurs travaux, pourrait encore agir de même que pour les journaliers.

Un maître peut également, par la même méthode, se rendre un compte exact de son temps, quelque varié que puisse être d'ailleurs l'emploi de ses journées, en inscrivant en tête de chaque colonne tous les genres d'occupation auxquels son état et sa qualité de maître le soumettent, comme plans, débit, écritures, etc. ; et, pour éviter toute confusion, ajouter à la suite des heures passées le numéro d'ordre auquel les plans, le débit et les écritures appartiennent.

A droite et en marge de chaque feuille du journal des mains-d'œuvre, se trouve une colonne donnant jour par jour le total général des heures et minutes passées par l'ouvrier, disséminées partiellement dans toutes les autres petites colonnes du milieu. Ce résumé est celui du chiffre de travail de chaque ouvrier pour tous les jours du mois. C'est en additionnant cette colonne qu'on obtient la somme des jours, heures et minutes que le maître doit à l'ouvrier.

Le compte peut s'en faire par semaine, par quinzaine ou par mois.

ANALYSE

des Sous-Détails.

Lorsqu'on veut savoir à combien revient un ouvrage sortant fini de ses ateliers, il faut d'abord apprendre à décomposer chaque élément dont est composé cet ouvrage, de manière à pouvoir en bien analyser toutes les parties. Les résultats de cette méthode sont infaillibles, et ce mode de procéder, également applicable à tous les pays, doit être en tout temps l'étude constante de celui qui veut absolument se rendre compte et prospérer.

La seule réponse à faire à ceux qui la trouveraient trop compliquée, serait de les prier de vouloir bien communiquer un moyen à la fois plus simple et pouvant conduire immédiatement à un même résultat; la société ne pourrait que lui en savoir bon gré, et son nom serait sûrement cité avec distinction dans une prochaine édition de cet ouvrage; mais on ne saurait disconvenir que, pour avoir voulu tout abréger, on s'est jeté souvent dans un défaut contraire, c'est-à-dire qu'on a changé de bonnes choses en de plus mauvaises, et qu'à force de vouloir devenir trop précis, on est presque toujours devenu inintelligible, et tel n'est pas le but que je me suis proposé.

Chacun doit se pénétrer qu'il ne peut exister de véritable prix-courant des ouvrages; car, tandis qu'on fait un livre, les prix de la matière et de la main-d'œuvre changent immanquablement; mais ce qu'il y a de plus singulier encore, c'est que les prix déjà établis dans ces livres, on ne sait trop d'après quelles lois ou quelles règles positives, n'instruisent aucunement ni du bénéfice, ni de la perte. Les architectes, comme on le verra par la suite, après avoir compté le bois et le temps, marquent approximativement un $1/6^e$ de la main-d'œuvre pour les faux frais: ensuite, on dirait qu'ils vous jettent à pleine main un $1/6^e$ de bénéfice. Cela demande confirmation et mérite un examen; car, avant que d'avoir du reste, il faut nécessairement payer ce qu'on doit.

D'abord, pour que les faux frais soient toujours égaux au sixième de la main-d'œuvre, il faudrait :

1° Que les frais d'atelier, la patente, la location, le chauffage, la lumière, etc., fussent toujours en proportion égale avec ceux de l'établissement-modèle, qui a, dit-on, servi de base à ce calcul, ce qui n'existe nulle part; donc, un autre calcul est nécessaire.

2° Que les ouvriers travaillassent tous sans perdre de temps. On sait à cet égard ce qu'il en est, d'usage presque général.

3° Que l'ouvrage ne manquât jamais, et que l'établissement, ainsi que tous les outils fussent constamment occupés, sans quoi les fonds dormiraient et empêcheraient de dormir le maître, ce qui arrive encore du moins pour une portion des outils.

4° Que les ouvriers, à la journée comme aux pièces, fussent continuellement employés aux mêmes prix; que les bois fussent de même valeur, et les ouvrages d'un même rapport; et rien de tout cela n'existe encore.

Conséquemment, ces livres ne peuvent en aucune manière servir de guide exact à l'ouvrier, et leurs auteurs se trompent assurément toutes les fois qu'ils

ont la prétention de les présenter comme tels. Aussi.
lorsqu'on aura essayé de la méthode que je présente,
le bandeau tombera - t- il des yeux, et la plupart de
ces charlatans qui ne rougissent pas, à l'aide de
quelque nouveau recueil d'absurdités, de tirer effron-
tément à vue sur l'ouvrier crédule, seront-ils enfin dé-
masqués. A l'aide de cette tenue de livres, on pourra
apprendre à raisonner, et si l'on n'y trouve pas toujours les moyens de connaître ce qu'un ouvrage vaut
avant de le commencer, on y trouvera du moins ce
qu'il coûte étant fait. Ce sera toujours une erreur de
moins, un premier pas de fait vers la vérité, et un guide
à pareille occasion.

On sait encore que MM. les écrivains-toiseurs ne
suivent pas toujours eux-mêmes la route qu'ils ont indiquée dans leurs ouvrages: on ne pourra donc jamais
bien savoir d'avance par eux à quelles conséquences
fâcheuses on s'exposerait en leur accordant une confiance trop aveugle, ou en ne prisant ses travaux que
d'après leurs tarifs. Si l'on compare cette méthode
avec les prix-courans établis, on ne sera pas moins
surpris des nombreuses disproportions de prix qu'on y
trouvera, que de la différence qui existe entre les divers
ouvrages traitant du même sujet; et on sera enfin forcé
de reconnaître, comme je l'ai dit, qu'il n'est pas difficile
de fabriquer ainsi de gros volumes, dont le but est
moins d'instruire que d'égarer.

Si les toiseurs, les architectes, et en général toutes
les administrations ont trouvé plus commode d'avoir des
prix faits, l'entrepreneur et l'ouvrier sont également in-
téressés de leur côté à s'assurer s'ils y trouveront leur
compte; ceci est de toute justice, et il ne peut man-
quer d'en naître un bien réel pour la société tout
entière; car du choc des opinions jaillit la lumière.

Trop souvent, par suite d'une concurrence aveugle qui ne calcule et ne prévoit rien, un honnête homme est entraîné à sa ruine. Que cette méthode devienne donc son guide; elle pourra plus d'une fois lui servir de phare, c'est-à-dire lui signaler souvent des dangers contre lesquels sa propre expérience, aidée seulement de sa mémoire, ne pourrait sans doute rien.

Voici la manière dont on devra procéder à la tenue du registre des sous-détails.

Chaque feuille des sous-détails (voyez ce modèle), est destinée à faire le compte d'un seul numéro, c'est-à-dire des ouvrages désignés seulement par un numéro d'ordre quelconque du journal des travaux; cependant on pourrait ajouter ensemble sans inconvénient tous les ouvrages semblables ou de mêmes nature et dimension, effectués en même-temps, comme plusieurs croisées, plusieurs meubles.

Voyons maintenant à donner tous les éclaircissemens nécessaires sur la manière de déterminer chaque opération sur le registre des sous-détails, tout préparé à cet effet. Si quelquefois on me trouvait minutieux, on voudra bien réfléchir à toute l'importance du sujet, et se rappeler que de petites sommes, répétées souvent dans le cours d'une année, deviennent quelquefois susceptibles de former par la suite un capital, lequel, bien employé, n'est pas tout-à-fait sans influence sur le sort futur d'un établissement, quelqu'étendu et quelque prospère qu'il soit. Je serai donc minutieux, je le répète, rien n'étant plus facile que de passer légèrement sur les choses qu'on croirait pouvoir négliger sans léser ses intérêts, et rien ne l'étant moins au contraire que d'ajouter aux livres lorsque l'impression et la publication en sont entièrement faites.

Art. 1ᵉʳ. *Trajet, Aller et Retour.*

Par *trajet, aller et retour,* on entend communément le temps que le maître, appelé pour un ouvrage quelconque, a réellement passé dehors depuis le moment qu'il a quitté ses autres occupations jusqu'à celui où il a pu venir les reprendre. Le trajet comprend, outre *l'aller et le retour,* tout le temps passé en explications, descriptions des ouvrages, prises de mesures, nivellemens et discussions de prix. Ce temps, quel que soit d'ailleurs sa durée, devra nécessairement entrer en compte et se portera par heures à l'article 1ᵉʳ du registre des sous-détails.

Art. 2. *Plan d'ensemble et Plan d'exécution.*

Dans les pays où les plans ne sont pas donnés par les architectes, il est utile de savoir tirer parti des lieux qu'on doit décorer ; il est même souvent indispensable d'en faire un plan d'ensemble sur une petite échelle, afin d'en pouvoir reconnaître d'avance les effets, bons ou mauvais. Le temps employé à ce dessin est loin d'être un temps perdu ; car, outre qu'il facilite les travaux d'exécution, il devient à l'ouvrier d'un grand secours pour la pose ; il permet encore d'établir ses toisés et ses comptes sans sortir de chez soi, et de les y vérifier à loisir autant de fois qu'on en sent le besoin. Le plan d'exécution est celui sur lequel les ouvriers exécutent les travaux. Le temps passé à l'élévation ou au dessin de ces plans, sera donc porté à son article comme celui des mesures et nivellemens.

Art. 3. *Devis et Marchés.*

Souvent il arrive que beaucoup de personnes, sous l'insidieux prétexte de ne vouloir employer qu'une somme absolument déterminée à l'exécution de certains travaux qu'elles désignent, exigent de l'ouvrier ou de l'entrepreneur qu'elles se sont choisi le devis ou prix fait de ces travaux : alors, celui qui obtient l'ouvrage est toujours celui qui a fait le plus fort rabais.

Cependant l'ouvrier qui n'a pas étudié l'économie industrielle, ou suivi quelques cours analogue à ses travaux, ou adopté une méthode de comparaison exacte qui puisse lui permettre de répondre toujours juste en pareil cas, est assez ordinairement embarrassé toutes les fois qu'il se trouve interrogé d'avance sur cette matière. Il doit donc employer dans cette circonstance beaucoup de circonspection dans ses réponses, et consacrer plutôt quelques heures à un mûr examen, que de s'exposer à contracter immédiatement un marché susceptible de lui devenir plus onéreux que profitable.

Les devis coûtent du temps, exigent des connaissances très étendues, et souvent exposent l'ouvrier consciencieux, qui veut fournir des bois de bonne qualité et réunir à la solidité des travaux toute la perfection dont ils peuvent être susceptibles, à se voir enlever l'entreprise par un confrère moins scrupuleux ou moins bon ouvrier, ou moins bon calculateur. On s'inquiétera peu si le second a la même probité ou les mêmes talens d'exécution que le premier ; s'il exécute à meilleur marché, c'est ordinairement tout ce qu'on demande, et l'on devra dès-lors sûrement s'attendre au retrait immédiat des travaux.

Les devis commandés devront donc être payés toutes les fois qu'on n'aura pas fait l'ouvrage.

Art. 4. *Débit.*

On pourra se faciliter la recherche du temps strictement nécessaire au débit, en observant plusieurs fois de suite l'heure où commence ce travail, et en s'habituant autant que possible à débiter ou à faire débiter jusqu'à la fin, c'est-à-dire sans jamais désemparer. Cette manière de procéder pourrait donner une appréciation exacte du temps passé à ce genre de travail, et servir en toute occasion semblable de base certaine pour évaluer sûrement un prix. Cependant les ouvrages de même nature étant moins fréquens chez les menuisiers que chez les ébénistes, il est certain que, sous ce rapport, ceux-ci seront bien plutôt au courant que les premiers.

Art. 5. *Soins de conduite.*

Selon que les ouvriers seront plus ou moins anciens dans un atelier, et auront acquis des connaissances plus ou moins étendues dans les travaux qu'ils seront appelés à diriger, les soins de conduite augmenteront ou diminueront en proportion égale.

Il faut de l'expérience et une bien longue habitude pour ne pas être trompé d'abord dans le choix qu'on veut faire d'un bon ouvrier. Ceux à petites journées sont presque toujours les plus coûteux, attendu que n'ayant pas encore acquis tous les moyens convenables d'exécution, et ne pouvant rien achever par eux-mêmes, ils demandent une surveillance continuelle de la part du maître, et le privent d'une partie de son temps.

Il ne faut pas moins d'habitude et d'attention pour bien estimer ces pertes qu'il n'en faut pour juger des bénéfices d'un bon ouvrier. Dans tous les cas, il vaudra mieux les porter approximativement que de les négliger tout-à-fait.

Art. 6. *Ecritures journalières.*

C'est ici qu'il me faut surtout combattre l'aveugle préjugé des maîtres, relativement à la dépense de livres que quelques-uns disent inutiles, et au temps que tous prétendent perdre en tenant des registres réguliers. Je vais donc leur donner ici le calcul, vérifié à plusieurs reprises, de la dépense et du temps véritablement nécessaires au maintien de ces écritures. Il leur prouvera que ce n'est pas, comme ils le disent, perte et dépense; mais bien au contraire, comme je ne cesserai de leur répéter toujours : *Economie et sûreté*.

Chaque soir, inscription de la journée, par homme, 3 min.

Ce qui fait chaque semaine, inscription , *id. id.* 18
Id. id. des comptes courants et paie des ouvriers , 3o
En tout, 48

Total par mois, 3 heures 48 minutes . . . 8 min. par jour,

Donc, si pour un ouvrage, plusieurs ouvriers avaient passé ensemble dix jours, ce serait 8o minutes à porter aux faux frais d'écritures journalières , et ainsi de de reste.

Papier, par mois, un côté ou quart de feuille imprimée, 3 c. ; en tout temps et papier compris, 1 s. par jour.

Comme on voit, cette méthode acquiert une grande supériorité sur toutes les autres méthodes connues, et sa clarté ainsi que la modération de ses prix ne sont pas les moindres de ses avantages. Si l'on m'objectait la difficulté de son exercice, je répondrai encore que le plus mince talent, la plus petite opération scientifique, exigent infiniment plus de peine et demandent cent fois plus de sagacité encore qu'il n'en faudrait acquérir pour bien exécuter cette méthode. J'ajoute qu'elle est d'une indispensable nécessité à tous les menuisiers et ébénistes, et qu'il n'en est pas un seul enfin qui ne doive en faire, non-seulement un très sérieux et très fréquent usage, mais encore l'étude principale et l'occupation de ses loisirs.

Art. 7. *Mémoires et Toisés.*

Dans beaucoup de villes de province, les ouvriers faisant eux-mêmes leurs toisés et leurs mémoires, ce temps doit nécessairement entrer pour ce qu'il vaut; car à Paris, MM. les toiseurs se le font bien payer. On l'estimera donc par avance, s'il le faut, pour compléter l'estimation d'un ouvrage.

Art. 8. *Main-d'œuvre.*

Lorsque plusieurs ouvriers auront participé ensemble à un même ouvrage, on portera leurs noms au registre des sous-détails, et à l'article même occupé par le numéro indicateur de cet ouvrage. Alors on y joindra les sommes partielles gagnées par chacun d'eux; ensuite on fera l'addition, et le total trouvé sera le coût des main-d'œuvre, façon et pose comprises, lorsque cette dernière opération aura eu lieu; après quoi, on reportera cette somme tout entière dans la dernière colonne des sommes réunies... Les colonnes des folios renvoient au *Journal de la Main-d'œuvre.*

Art. 9. *Faux frais de main-d'œuvre.*

Les frais que nécessitent l'entretien des outils ne sont pas à beaucoup près toujours les mêmes. Il est des ouvriers insoucians, brusques ou peu soigneux, qui en amènent bien plus vite le dépérissement que d'autres; comme ceux, par exemple, qui travaillent à leurs pièces, et qui dans le but de s'épargner des recherches ou dans celui d'avancer plus vite leurs travaux, se servent quelquefois de l'outil qui n'est pas précisément celui dont ils devraient se servir.

Ils serait donc à désirer, tant dans l'intérêt des maîtres de province que dans celui de leurs ouvriers,

que ces derniers fournissent comme ceux de Paris,
tous les outils qui exigent le plus de ménagement;
ceux qui se détériorent et s'usent le plus, tels que
rapes, limes, rabots fins ou à replanir, etc....., ainsi
que tous les outils susceptibles de se perdre, et dont
on se sert souvent, comme petites vrilles, chasse-
pointes, tournevis, pointes à tracer, compas, racloirs,
affiloirs ou fusils, petits ciseaux, etc. Par là, le maître
s'épargnerait une surveillance fatigante pour lui, gê-
nante pour l'ouvrier, ainsi que de nombreuses tracasseries ou d'autres désagrémens plus sérieux encore.

Lorsque le maître fournit les outils, il peut compter
pour chaque homme 10 cent. par jour, ou 30 fr.
par an. M. Morizot, auteur des tableaux détaillés de
tous les ouvrages de bâtiment, et celui qui s'est le plus
étendu sur la valeur de la menuiserie, n'accorde pour
chaque homme que 23 fr. 50 c. par an, tant pour l'u-
sure, la perte, l'entretien et le renouvellement des
outils; mais la différence entre son calcul et le mien,
provient de ce qu'à Paris les maîtres ne fournissent
que les gros outils, ceux qui se détériorent le moins.

Si, d'après nos principes, douze jours avaient été
employés à la confection d'un ouvrage, par un ou
plusieurs ouvriers, ce serait par conséquent 1 fr. 20 c.
à porter aux faux frais de main-d'œuvre. (Art. 9.)

Art. 10. *Bois, Placage et Déchet.*

Le bois, le placage, déchet compris, ayant été appréciés d'après les détails portés au registre du débit
des bois, on portera aux sous-détails la somme totale
trouvée, ayant soin d'indiquer dans cet article le folio du registre du débit des bois, afin de retrouver
ces détails au besoin.

Art. 11. *Calibres extraordinaires.*

Quand, pour un ouvrage extraordinaire, on a besoin de calibre difficile à faire, qui, par sa forme, n'est pas susceptible de servir souvent, ou ne pourrait plus servir que rarement, il doit être estimé et porté au compte de l'ouvrage auquel il appartient.

Mais si, au contraire, ce calibre était destiné à devenir d'un usage fréquent dans l'atelier, il sera considéré comme outil faisant partie de l'établissement, et non regardé comme frais nécessités par l'ouvrage.

Art. 12 et 13. *Des faux frais fixes ou annuels, et de ceux de non-occupation.*

Les faux frais annuels sont ceux qui varient peu dans le cours de l'année, tels que location, non de l'habitation, mais :

des

	fr.	c.		fr.	c.		fr.	c.
Ateliers.	» »	» »						
Magasins.	» »	» »		» »	» »			
Hangards.	» »	» »						
Remises.	» »	» »						
Patente.	» »	» »						
Impositions.	»	» »		» »	» »			
Assurances.	» »	» »						
Intérêts des fonds roulans.	» »	» »						
Capitaux engagés dans les Bois et	» »	» »		» »	» »			
les Outils.	» »	» »						
Réparations locatives.	» »	» »		» »	» »		» »	» »
Total.							» »	» »

Dès qu'on aura obtenu, pour une année, la somme totale des faux frais désignés ci-dessus, on divisera cette somme par 300, qui est le nombre de jours ouvrables, sans perte de temps, et le quotient obtenu par cette opération, donnera les frais d'un jour qu'il faudra répartir proportionnellement sur chaque ouvrage, en divisant ce quotient ou les frais d'un jour, par le nombre d'établis contenus dans l'atelier.

Si, par exemple, les frais étaient de 2 fr. par jour, et qu'il y eût dix établis, ce serait 20 c. de faux frais par jour pour chaque place. Donc si, pour la confection d'un ouvrage, un ou plusieurs ouvriers avaient employé en totalité vingt jours, ce serait vingt fois 20 cent. ou 4 fr. à ajouter au compte de l'ouvrage. Il est juste qu'il en soit ainsi, puisque le faible ouvrier occupe autant de place que le fort.

Notre intention dans cette méthode n'étant que d'indiquer au fabricant ou à l'entrepreneur, les faux frais de toute nature qu'il est obligé de supporter, de les lui faire distinguer les uns des autres, afin qu'il puisse les assembler au besoin, soit par la juste estimation de l'ouvrage, soit pour la comparaison de cette méthode avec d'autres manières de se rendre compte, nous avons ajouté un article désigné sous le nom de *faux frais de non-occupation*, article sur lequel on inscrira les absences ou pertes de temps, toutes les fois qu'elles auront lieu. Il est juste néanmoins de ne faire peser ces faux frais sur un ouvrage, que dans le cas où le temps aurait été perdu par les ouvriers travaillant à sa confection, ou plutôt il faudrait que l'on inscrivît ces absences sur une feuille à part, afin que l'on pût apprécier au besoin les frais qu'elles occasionnent.

Art. 14. *Clous.*

Les clous seront portés aux sous-détails pour leur prix coûtant; on en désignera l'espèce. On peut les peser ou les compter au cent; mais il est plus simple

de les peser quand on le peut : c'est ce qui ne peut
avoir lieu quand ils sont employés.

Art. 15. *Colle.*

La quantité de colle nécessaire à la confection d'un
meuble, ne peut être exactement connue que de l'ouvrier qui y travaille seul, encore est-il obligé d'y faire
bien attention. Voici toutefois comme on pourra s'y
prendre : après avoir pesé une quantité de colle excédant celle strictement nécesssaire à l'objet à vérifier, on la fera fondre à un degré de force convenable ; on la repèsera ensuite pour connaître le poids
proportionnel de l'eau que nécessite cette fonte. Le
meuble étant achevé, on pourra, d'après la quantité
de colle restante, savoir ce qu'on en aura employé.

On augmentera approximativement le prix de la
colle de la dépense du combustible employé à cet effet ; la valeur étant appréciée, on la portera aux sous-
détails.

Nota. Une livre de bonne colle de Givet propre à plaquer, et
fondue dans un litre d'eau, pèse 2 livres 1/2, ou 2 fois 1/2 son
propre poids ; donc, lorsqu'on a usé 5 livres de colle fondue au
degré désigné ci-dessus, ce n'est que 2 livres à compter, au prix
d'achat, plus les frais du feu. (Voir l'art. 15 des notes.)

Art. 16 et 17. *Ponce, Papier de verre, Tripoli, Chiffon, Vernis, Huile et Essence.*

Tous ces menus détails de l'ébénisterie peuvent
s'estimer à la toise superficielle ; la consommation que
l'on en fait dépendant toujours des surfaces que l'on
a à poncer, à vernir, etc. ; il suffira donc de se rendre
compte de temps en temps de leur valeur, pour n'a-
voir plus qu'à mesurer les surfaces.

Soit qu'on agisse comme nous le désignons, ou de toute autre manière, le prix en doit être porté à leur article distinctif.

Nota. C'est par inadvertance que l'huile et l'essence furent portées à l'art. 18 du tableau imprimé des sous-détails. (Voir les notes 16 et 17.)

Art. 18. *Polissage à la cire.*

Trois sortes de polissage sont en usage chez les ébénistes ; savoir : 1° à la cire jaune et au liége ; 2° au fer chaud ; 3° à l'encaustique.

Quel que soit le procédé que l'on emploie, on peut l'estimer, comme le vernis, par surface, après s'en être préalablement rendu compte. (Voir note 18.)

Art. 19. *Couleurs.*

On détaillera le prix de chacun des ingrédiens susceptibles d'entrer dans la composition des couleurs. Ces détails pourront servir de guide pour des achats subséquens, et faire connaître les maisons où l'on pourrait se les procurer aux prix les moins élevés et à des qualités supérieures. On pourra aussi estimer approximativement le coût du combustible employé pour faire la teinture.

Art. 20. *Garnitures et fournitures diverses.*

On en fera également le détail, et pour les raisons ci-dessus énoncées, à l'article des couleurs.

Nous comprenons sous ces dénominations, les serrures, cuivreries vernies ou dorées ; les bronzes, sculptures, pivots, glaces, baguettes dorées ; enfin, tous les ferremens et ornemens des meubles et des appartemens. On portera à leur article, aux sous-détails, toutes ces marchandises, au prix courant, transport et autres frais compris.

Art. 21. *Chauffage.*

Le chauffage n'étant nécessaire que dans les froids rigoureux de l'hiver, doit être, ainsi que l'éclairage, exclus des faux frais annuels; il ne conviendrait pas de faire peser cette dépense sur des travaux exécutés en été, et c'est ce qui arriverait si l'on comptait le chauffage, ainsi que l'éclairage, dans les faux frais annuels.

On pourra, guidé par la seule expérience, estimer d'avance et sans erreur sensible, les frais de chauffage, et les répartir ensuite sur le nombre de journées froides, que nous supposerons être de cent. Par ce moyen on connaîtra la dépense du chauffage d'un jour. On divisera ensuite cette dépense par le nombre d'ouvriers que l'on occupe dans cette saison; la fraction obtenue sera la valeur à porter aux sous-détails, pour chaque journée d'occupation.

Cette fraction restera la même pour toute l'année, et ne variera qu'autant que l'exigerait une augmentation marquante dans les combustibles, dans l'agrandissement ou la diminution de l'atelier.

Nota. La dépense du feu pour l'entretien de la colle, chez les ébénistes, est comptée avec la colle. (Voir à ce sujet, l'article colle, note 15.)

Art. 22. *Éclairage.*

Si l'on éclaire par le gaz ou le quinquet, le calcul sera le même que pour le chauffage, puisqu'il en coûterait autant pour éclairer peu d'ouvriers que pour éclairer l'atelier complet. Mais si l'on se servait de chandelles, les absens n'en usant pas, le calcul est différent. Les frais de cette dernière espèce d'éclairage sont faciles à déterminer; il suffit de s'assurer de la durée d'une chandelle, et d'en diviser le prix par le temps de sa durée.

Si, par exemple, une chandelle de six à la livre, et coûtant 15 cent., éclairait pendant sept heures, ce serait approchant 2 cent. par heure. Si donc un ou plusieurs ouvriers ont employé à la confection d'un ouvrage quinze soirées de trois heures. ce qui fait en tout quarante-cinq heures, les frais d'éclairage seront de 90 c. à porter aux sous-détails.

Art. 23. *Emballage et Transport.*

Si l'on achète les caisses et que l'emballage soit fait par un layetier (fabricant de caisses), il suffit de porter à cet article la valeur déboursée; mais si, au contraire, on les fabrique soi-même, il est nécessaire d'en faire un compte à part, et de le porter comme ouvrage fait sur le journal des travaux, pour leur assigner un numéro d'ordre, et s'assurer de la valeur des fournitures et faux frais y relatifs.

On peut distinguer trois sortes de transports, 1° le transport par voitures; 2° le transport par commissionnaires ou porte-faix; 3° celui qui est opéré par les ouvriers de l'atelier. Le transport par voiture se porte au prix coûtant; le transport par commission se paie à la course, et se porte également au prix coûtant; mais pour celui qui est opéré par les ouvriers de l'atelier, on ne peut en fixer le prix que d'après le temps que ces derniers y passent, plus les faux frais annuels et ceux d'écritures journalières.

Supposons qu'un ouvrier ait passé un jour à transporter des meubles, que le prix ordinaire de ses journées soit de 3 fr., il faut ajouter à ce prix les faux frais annuels d'écritures journalières, et faux frais de main-d'œuvre, s'il s'est servi d'outils quelconques, et porter cette somme entière à l'article des transports. (23.)

Art. 24. *Faux frais imprévus.*

Sous ce nom sont désignées les pertes qui surviennent accidentellement dans le cours d'un ouvrage, et qui atténuent les bénéfices, comme les erreurs dans le débit ou dans le tracé, les changemens causés par un mal-entendu ou par défaut de prévoyance. Il en est encore de même sous le rapport du temps, lorsqu'on laisse sans ouvrage des ouvriers employés à la journée, ou qu'il faille refaire des panneaux gonflés par l'humidité, ou qu'une trop longue exposition au soleil ait fait fendre, ou que l'on ait renversé de la colle, de l'huile, du vernis, etc. ; enfin, les pertes de toute nature qui n'ont pas de classement dans les autres articles des sous-détails, y seront portées d'après l'estimation, au prix coûtant.

Art. 25. *Intérêts des fonds roulans.*

Garder un meuble en magasin, ou attendre le paiement d'un ouvrage quelconque, à la confection duquel on a réellement employé plus des cinq-sixièmes de sa valeur, tant en fourniture qu'en main-d'œuvre et faux frais, est la même chose sous le rapport de l'intérêt des capitaux engagés.

La somme totale des fonds répandus partiellement, entre les mains d'une clientelle plus ou moins nombreuse, devrait, depuis la confection des ouvrages jusqu'à l'époque du paiement, produire un revenu. Tout argent doit rapporter à son maître, dit *Franklin*, car s'il en était autrement, plus on aurait d'ouvrage et d'ouvriers, et plus vite on serait ruiné : cela est si vrai que, sans parler des faux frais imprévus, mauvaises créances, faillites et autres accidens auxquels on est journellement exposé, le bénéfice réel de l'entrepreneur qui, suivant Morisot, est du sixième des déboursés, serait absorbé et deviendrait nul au bout de trente-deux mois environ, si on empruntait à six pour cent d'intérêt par an, ou un demi pour cent par mois.

Si, par exemple, on avait fourni des meubles pour une somme de 400 fr., à 5 mois de terme, et que ces meubles fussent déjà restés trois mois en magasin, cette somme de 400 fr. devrait donc produire intérêts pendant 8 mois, qui est le temps pendant lequel ces fonds sont restés engagés dans ses marchandises. Ainsi, je dis qu'une somme de 100 fr. produisant à 6 pour cent par an 6 fr., 1 fr. doit nécessairement produire 6 centimes par an, qui, divisés par 12 mois, donnent un demi centime pour franc par mois ; donc 400 fr. pendant 8 mois $= 400 \times 4$ centimes $=$ 16 fr.

OPÉRATION.

400 fr.
0, 04
____
Total. . .   16, 00

Cette manière de compter est applicable à toutes sortes de nombres, soient ronds, soient fractionnaires.

EXEMPLE.

377 fr. 15 cent.
0   04
____
Total. . .   15, 0860

Art. 26. *Avances faites par l'entrepreneur , ou prix coûtant.*

En additionnant les sommes partielles contenues dans ces articles, on obtiendra le total des avances faites par l'entrepreneur, tant en matériaux qu'en main - d'œuvre, fournitures diverses, faux frais et temps passé par lui et ses ouvriers. Cette somme trouvée sera exactement ce que coûtera l'ouvrage au fabricant. Enfin, le prix coûtant de l'ouvrage, sans aucun bénéfice.

Art. 27. *Bénéfice d'un sixième.*

Le sixième de bénéfice figure dans les sous-détails pour établir un point de comparaison entre nos calculs et ceux des auteurs modernes ; pour faire apprécier la justesse des tarifs sur les ouvrages de menuiserie , et limiter la confiance qu'on doit accorder à leurs auteurs. D'ailleurs, nous sommes pénétrés que l'industrie, ainsi que le commerce, ne sont pas de nature à être restreints dans les bornes exactes d'un sixième de bénéfice. Car, d'après cet usage, celui qui fait de fortes entreprises dans lesquelles les fournitures forment la majeure partie du prix, obtient un sixième de bénéfice pour ces fournitures, c'est ce qui n'a pas lieu lorsqu'il ne fournit que la main-d'œuvre ; un sixième peut être beaucoup pour le premier cas , et n'être pas assez pour le second. (*Voir* note 27 des sous détails.)

Nous ne parlerons pas ici de l'étendue des bénéfices légitimes que peut espérer le fabricant ou l'entrepreneur ; on verra à l'article 32 quelques détails à ce sujet.

Art. 29. *Somme portée au mémoire.*

On portera à cet article le prix courant du pays, afin de pouvoir le comparer avec la somme obtenue.

Art. 29. *Réduction des mémoires.*

On ne peut connaître d'un manière exacte le bénéfice ou la perte éprouvée sur un ouvrage, qu'après en avoir été soldé, et en avoir comparé le prix obtenu avec celui auquel cet ouvrage revient.

Comme presque toujours on ne présente de mémoire qu'après avoir confectionné pour la même pratique plusieurs ouvrages de différens prix, nous allons donner un moyen facile de répartir proportionnellement sur chacun de ces ouvrages la réduction qu'on pourrait leur faire subir.

Si, par exemple, un mémoire composé des sommes suivantes, 98, 60, 25 et 147 fr., dont le total est 330 fr., éprouvait une réduction de 16 fr. 50 c. on saura quelle réduction éprouvera chacune de ces sommes partielles, en faisant la règle de trois suivante, qui nous donnera d'abord la perte qu'éprouve 1 franc.

330 fr. : 16 fr. 50 c. :: 1 fr. X : — ou 16, 50 | 330

.0 00 0,05 centimes.

Solution : elle est de 5 centimes par franc, qu'il faut multiplier par chaque somme partielle pour en obtenir la réduction.

	98	60	25	147
	X — 0, 05	X — 0, 05	X 0, 05	X —0, 05
Réductions proportionnelles.	2 f. 90 c.	3 f. 00	1 f. 25 c.	7 f. 35 c.

RÉSUMÉ.

De 98 f.,	ôtez	4 fr. 90 c.	reste	93 fr. 10 c.
60	—	3 00	—	57 00
25	—	1 25	—	23 75
147	—	6 35	—	139 65
330 fr.	*id.*	16 fr. 50 c.	reste	313 fr. 50 c., montant de la somme réduite.

Mais si l'on ne réduisait au mémoire que quelques articles trouvés trop chers, on sent qu'il faudrait séparer les sommes non réduites, et opérer seulement sur les autres d'après la manière désignée ci-dessus.

Art. 30. *Excédant du Bénéfice d'un sixième.*

Quand pour un ouvrage on a obtenu une somme plus forte que celle produite par les calculs des sous-détails, le bénéfice d'un sixième compris, on regarde alors l'ouvrage comme étant plus avantageux que ce qui est ordinairement accordé à l'entrepreneur.

On ajoute cet excédant au sixième de bénéfice, et l'on obtient enfin le bénéfice total fait sur l'ouvrage.

Art. 31. *Réduction du premier Bénéfice.*

Lorsqu'on éprouve une réduction sur un ouvrage, on soustrait cette réduction du bénéfice, et l'on obtient enfin le bénéfice net.

Si la réduction excédait le sixième de bénéfice, la différence entre le sixième de bénéfice et la réduction, serait une perte réelle qui détruirait d'autant le capital de l'entrepreneur.

Art. 32. *Bénéfice net.*

Nous entendons par bénéfice net, l'argent qui reste

à l'entrepreneur sur un ouvrage lorsqu'il a remboursé généralement tous les frais nécessités par cet ouvrage ; c'est tout le revenu de l'entrepreneur qui ne travaille point ; car, selon cette méthode, quand il travaille il se salarie, et estime son temps d'après le genre d'occupation auquel ce temps est employé. (*Voir* note 26.)

Pour apprécier et comparer facilement les bénéfices obtenus sur des ouvrages de différens prix, il suffit de faire une règle de trois qui ait toujours cent pour terme moyen.

Par exemple, si sur les quatre croisées n° 1, qui m'ont coûté 66 fr. 34 c., j'ai gagné 9 fr. 26 c., je veux savoir combien je gagnerai pour 100 fr. sur des travaux offrant le même avantage.

DISPOSITION DE LA RÈGLE.

66 fr. 34 c. : 9 fr. 26 c. :: 100 : X.

C'est-à-dire que le prix coûtant est au bénéfice connu, comme cent francs est au bénéfice cherché.

Opération.

```
Produit des moyens   92600  |  66,34   extrême connu.
                     26260   |________________
                     63580        13,95
                     38740
                     5570
```

Le bénéfice proportionnel est de 13 fr. 95 cent. pour cent.

Voyons maintenant comment l'entrepreneur connaîtra, approximativement, après avoir suivi quelques travaux, si les bénéfices qu'il en obtient suffisent pour le conduire à l'aisance, ou seulement à faire honneur à ses affaires.

Reprenons l'exemple des croisées n° 1 ; L'Animé y a passé 1 13 heures, qui ont produit un bénéfice de 9. 26, ou par heure de travail o, o81 millièmes, qu'il faut multiplier par 13 heures, afin d'obtenir le produit d'une journée.

OPÉRATION.

```
9. 26  |  113
  » 220    o,o81
     7       13
          ———————
            243
             81
          ———————
           1,o53
```

Ayant opéré sur des millièmes, j'ai retranché trois chiffres au produit, qui est de 1 franc o5 centimes par jour, et sera de 515 francs par an, si l'ouvrier ne perd pas de temps, c'est-à-dire s'il travaille 3oo jours dans l'année.

L'entrepreneur fera des opérations semblables pour chaque ouvrier, et réunissant les sommes trouvées, il connaîtra le bénéfice probable que pourraient lui faire ses ouvriers.

Le maître qui s'occupe continuellement de ses travaux, appréciera la valeur de son temps (note 26), et ajoutera à la somme produite par les bénéfices probables des ouvriers, ce qu'il doit gagner par lui-même, le résultat de l'addition sera son revenu total de l'année.

Cette manière de se rendre compte, en peu de temps, conviendra aux personnes qui n'ont pas l'habitude de tenir régulièrement des registres, ou qui ne veulent pas s'y assujétir.

Mais l'amateur de l'ordre pourra porter à chaque article du journal des travaux, et sur la marge de droite de chaque feuille, le bénéfice net de chaque ouvrage, et en faire l'addition par mois, par trimestre ou par année.

BÉNÉFICE LÉGITIME.

Les bénéfices nets doivent suffirent, 1° pour payer les frais de ménage, c'est-à-dire la nourriture, vêtemens, logement, chauffage, etc..., de l'entrepreneur et de sa famille, suivant sa condition.

Ces frais ne peuvent être connus qu'en tenant notes des dépenses de ménage, et en les séparant des autres déboursés.

2° L'entrepreneur doit aussi rentrer chaque année, dans une partie des fonds placés dans son éducation : et c'est ce qu'on appelle l'annuité du fond d'éducation.

3° Les bénéfices doivent en outre être suffisans, pour permettre à l'entrepreneur de se faire un revenu qui le fasse vivre, lorsqu'il aura consacré ses forces, ses connaissances, ses talens, son intelligence, aux intérêts de la société.

Le bénéfice légitime, d'après M. Bergery, doit aussi comprendre une prime d'assurance contre les faillites, et une autre contre le cours des marchandises, car une augmentation subite dans le prix des matériaux, ou de la main d'œuvre, peut nuire beaucoup à un entrepreneur ; de même, une diminution dans les matières premières, peut aussi faire éprouver de grandes pertes à celui qui a de forts magasins.

Enfin, les chutes totales de commerce, causées soit par des révolutions, des guerres, etc., les maladies auxquelles chacun est exposé, sont autant de plaies que doivent guérir les bénéfices.

Les personnes curieuses de s'instruire à fond sur ce que nous venons d'ébaucher, relativement aux bénéfices légitimes, pourront consulter le tome II de l'*Économie Industrielle* de M. Bergery, page 198, elles y trouveront des solutions exactes à ce sujet, qui s'éloignent un peu du plan de notre méthode, qui n'a pour but principal que de faciliter les moyens de connaître ce que coûte l'ouvrage, à celui qui se charge de l'exécuter.

NOTE

SUR LES SOUS-DÉTAILS.

OBSERVATIONS GÉNÉRALES

Art. 1.

On ne se sert du registre des sous-détails, que lorsqu'on veut se rendre compte exactement de ce que coûte un ouvrage à l'entrepreneur.

Notre méthode n'assujétit pas à écrire minutieusement chaque jour tous les détails des travaux ; au contraire, elle laisse à l'entrepreneur la plus grande latitude possible à ce sujet ; car il suffit, pour se rendre compte, de tenir régulièrement le journal des travaux et celui de la main-d'œuvre (*voir* les modèles fin du volume), qui demandent chaque jour peu de travail ; et d'où découlent tous les renseignemens nécessaires à consulter, lorsqu'on veut établir rigoureusement le prix coûtant d'un ouvrage.

De plus, les 32 articles de ce registre ne sont jamais occupés par un seul ouvrage, et cela parce que les feuilles lythographiées sont disposées pour tous les travaux, soit de menuiserie, soit d'ébénisterie, et que l'un ou l'autre genre d'ouvrage laisse des articles vacans, comme on le voit par l'exemple des sous-détails imprimé, qui est fin de ce volume. Les quatre croisées n° 1 n'occupent pas les articles 3, 15, 16, 17, 18, 19 et 20, qui conviendront à leur tour pour des détails d'ébénisterie.

Art. 2. *Plans.*

Un menuisier se fait difficilement payer de ses plans, quelque difficile que soit l'ouvrage à traiter ; la plupart des pratiques prétendent que l'ouvrier doit donner le bon goût et le genre moderne à l'ouvrage qu'il entreprend ; qu'il doit vaincre toutes les difficultés que présente diverses situations, sans pour cela le payer plus cher que si ces plans nécessaires avaient été fournis par un architecte.

Cependant, celui qui veut suivre les principes de cet art, sait que le temps passé, tant en recherches qu'au tracé de ses plans, lui coûte souvent plus que le bénéfice ordinaire obtenu sur l'ouvrage.

Il serait donc pour lui plus avantageux, quand les travaux offrent des difficultés, ou qu'il a lieu de craindre des tracasseries pour le paiement, de recevoir les plans d'un architecte ; il serait par là dégagé de la perte inévitable de son temps, et surtout de la pointilleuse critique des concurrens jaloux, souvent assez injustes pour blâmer ce qu'ils n'auraient su faire, avant d'avoir vu ce qu'ils veulent rabaisser. (*Voir* note 7.)

Art. 3. *Devis et Marchés.*

La plupart des personnes auxquelles notre méthode est adressée, possédant les livres essentiels à leur profession, et dans lesquels est inséré ce qu'il est utile de connaître sur les devis et marchés, nous indiquons seulement ici, pour ceux qui sont privés de ces ouvrages, la source où ils pourront puiser ce qui concerne cet article. (*Voir* le Code civil, art. 1710 et 1711, et depuis l'art. 1787 jusqu'à l'art. 1799.)

Ils trouveront encore ces articles très clairement commentés, dans le nouveau Desgodest, ou Lois des Bâtimens, par M. Lepage, tome second, pag. 59 et suivantes; puis dans le nouveau Bullet, pag. 541.

Art. 4.

Voir à la Table la page des détails sur le registre du débit des bois.

Art. 5. *Soins de conduite.*

Si le maître ne se rendait pas compte du temps qu'il passe à surveiller, conseiller, tracer, enfin diriger et montrer les jeunes ouvriers sans expérience, il ne pourrait apprécier le coût de la main-d'œuvre d'un ouvrage, ni juger de l'avantage qu'offre l'ouvrier consommé dans son art.

Supposons, pour exemple, qu'un ouvrier journalier coûtant 1 fr. 50 c. par journée, en ait passé six à un ouvrage, et qu'un meilleur ouvrier payé 3 fr. n'en ait passé que trois, ce serait, dans cette supposition, 9 fr. de main-d'œuvre à débourser à l'un comme à l'autre; cependant si le maître a passé six heures à montrer l'ouvrier moins habile, il est évident que la main-d'œuvre lui coûte plus cher dans ce cas, 1° de la valeur de son temps perdu ; 2° de la valeur des frais annuels, de main-d'œuvre, d'écritures journalières, de chauffage et d'éclairage pendant trois jours, si c'est dans l'hiver, quant aux deux derniers articles.

La différence est encore la même pour les ouvriers occupés à la tâche ; si l'on paie le même prix à celui qui passe six journées, comme à celui qui n'en passe que trois, l'actif ouvrier coûte moins que l'autre du montant de tous ces faux frais, et de plus fait souvent mieux.

C'est par l'observation, le calcul et l'expérience réitérée, qu'on parvient à établir de justes proportions dans les prix de la main-d'œuvre.

Art. 6. *Écritures journalières.*

Les tentatives dirigées par l'intrigue, l'astuce et la mauvaise foi contre l'avoir légitime du trop confiant industriel, sont assez connues de quiconque a entrepris. Chaque jour, chaque pays voit de nouvelles ruses, trop nombreuses et trop étendues, pour que nous puissions relater ici aucune particularité à ce sujet : disons seulement que l'ignorant sans prévoyance, et trop souvent la bonne-foi, ne sont plus épargnés, et répétons qu'un chef d'atelier ne peut exister avec sécurité, sans ordre et sans se rendre compte ; que l'ordre seul est l'harmonie de tout établissement, et que la clé de cette harmonie est une tenue de livres, claire et facile ; claire, pour que chaque intéressé puisse la comprendre, en cas de contestations, ainsi que les experts et les juges, auxquels des registres bien détaillés épargnent un travail rebutant ; facile, pour être promptement conçue, etc. (*voir* note 29) ; qu'enfin, elle épargne de longues études à des hommes qui ont besoin de connaissances trop étendues pour le bénéfice qu'ils recueillent le plus souvent de leur science.

Art. 7. *Mémoires et Toisés.*

On donne le nom de *Mémoire* à l'état détaillé de la nature et des qualités et quantités de marchandises fournies, dont on réclame le paiement. Dans le commerce de consommation, on préfère le terme de *Facture*; les mécaniciens, ouvriers de bâtimens, etc., sont dans l'usage de faire dresser leurs mémoires par des hommes qui exercent uniquement cette profession; une belle main, l'habitude des toisés, la connaissance des prix locaux, la facilité des calculs, etc., telles sont les qualités principales qu'on exige de ces préposés. (*Dict. technologique.*)

Lorsqu'il n'y a pas de prix convenu pour l'ouvrage que l'on a fourni, les mémoires sont établis, et les prix y sont fixés par un toiseur, par un architecte, ou par l'entrepreneur même, d'après les prix d'usage dans le pays où l'ouvrage est fabriqué, ou d'après l'estimation de celui qui le rédige, et l'entrepreneur n'est pas toujours sûr d'en recevoir le montant sans réduction. (*Voir* art. 29.)

Quand les prix sont réglés d'avance, par un devis ou par un marché, il n'y a pas de contestation à éprouver quant au prix, surtout lorsque l'ouvrage a été reçu; mais si l'on a lieu de craindre de mauvais tours de la part de celui qui a fait travailler, il faut avoir soin, pour conserver tous ses droits, de produire son mémoire avant l'entier achèvement de l'année, et de l'établir sur papier timbré; d'en demander, en le présentant, une reconnaissance datée; enfin, régler définitivement, c'est-à-dire faire reconnaître, par un billet sous seing-privé, le montant du mémoire, ou faire signifier avant que l'année soit expirée.

Car, d'après l'article 7 d'une ordonnance de 1673,

titre Ier, tous les entrepreneurs, marchands et ouvriers, sans distinction, travaillant en bâtimens, sont tenus de demander leur paiement après l'entier achèvement de leurs travaux, ou livraison de leurs fourniture. Cet article est ainsi conçu :

Art. VII.

« Les marchands en gros et en détail, et les maçons, charpentiers, couvreurs, serruriers, vitriers, plombiers, paveurs et autres de pareille qualité, sont tenus de demander paiement dans l'an après la délivrance.

Art. IX.

« Voulons le contenu ès-articles ci-dessus avoir lieu, encore qu'il y eût continuation de fourniture ou d'ouvrage, si ce n'est qu'avant l'année il y eût un compte arrêté, sommation ou interpellation judiciaire, cédule (1), obligation ou contrat.

Art. X.

« Pourront néanmoins les marchands et ouvriers déférer le serment à ceux auxquels la fourniture aura été faite, les assigner et les faire interroger; et à l'égard des veuves, tuteurs de leurs enfans, héritiers ou ayant-cause, leur faire déclarer s'ils savent que la chose soit due, encore que l'année soit expirée. »

Cependant à l'article 2271 du Code civil, on lit : « que l'action des ouvriers et gens de travail, pour le

---

(1) Cédule signifie billet sous seing-privé.

paiement de leurs journées, fournitures et salaires, se prescrit par six mois. »

Il serait donc important, d'après ce dernier article, pour ne point s'exposer à la prescription, de produire son mémoire avant les six mois.

La prescription quant aux fournitures de meubles, nous semble plutôt être comprise dans l'art. 2272, ainsi conçu : « L'action des marchands, pour les marchandises qu'ils vendent aux particuliers non marchands, se prescrit par an. » Car les ébénistes sont fabricans de meubles et marchands.

* * *

Les mémoires doivent être lisiblement écrits et bien détaillés, et en tout conformes au journal des travaux au compte courant de la pratique, dût-on refaire le compte en entier, afin de servir de minute au cas qu'il faille produire un second mémoire, comme il arrive quelquefois. (*Voir* note 29.)

On doit éviter de confondre plusieurs articles en un seul : et si l'on ne porte pas la date à tous les articles, il ne faut pas omettre de la porter au dernier.

Quelquefois on renferme la date dans le titre du mémoire, comme dans cet exemple :

MÉMOIRE DES OUVRAGES DE MENUISERIE

Faits et fournis pour le compte de M. Richard, *négociant à Reims, par* Boissec, *menuisier audit lieu, depuis le* 22 *août* 1834 *jusqu'au* 25 *juin* 1835.

SAVOIR, etc.

Si l'on met la date au bas du mémoire, on peut simplifier le titre et écrire :

Mémoire de Ladouci, ébéniste à Orléans, rue du Port, pour fournitures faites et livrées à M. Trichart.
(Voir pour les quittances note 31.)

Voyons maintenant comment on s'y prendra pour estimer les frais que coûtent les mémoires, et pour les répartir sur chaque ouvrage séparément.

Nous ferons d'abord observer que l'art. 7 des frais de mémoire et toisés, serait mieux placé à l'art. 27, et c'est ce que l'on pourra facilement faire lorsqu'on se rendra compte aux sous-détails; alors au lieu d'estimer le temps passé, on multipliera la somme demandée, art. 28, par autant de centimes, qu'on a coutume de payer de F. P. % à l'architecte, ou au toiseur chargé de cette opération : ainsi si l'on paie 2 pour %, ce sera par 2 centimes qu'il faudra multiplier la somme; si c'est 1 fr. 50 ce sera par 1 cent. 1/2, par 015 millièmes, etc.

On voit dans le Manuel du toisé des bâtimens, page 55, tome 1, « que le taux des honoraires qui sont dus
« aux architectes et toiseurs-vérificateurs, est fixé par
« un arrêté du ministère de l'intérieur ainsi qu'il suit,
« pour les travaux ordinaires et publics :

« Pour projets ou dessins 1 et 1/2 du cent.

« Pour conduite des travaux 1/2 *id.*

« Pour vérification et réglement, 2 *id.*

« Pour vacation de trois heures, y compris le temps d'aller et de venir,   8 fr. »

« Pour état des lieux de 25 lignes par page
« et en double expédition chaque rôle,   4 fr. »

« La vérification d'état des lieux se fait par vaca-
« tion, comme ci-dessus.

« Pour les travaux d'architecture fait pour le compte
« des particuliers :

« Il est dû 5 p. %, suivant le montant du régle-

« ment des mémoires, pour plans, conduite, vérifica-
« tions et réglemens.

Pour vérification et réglement seuls de mémoires,
« 2 et 1/2 du cent, toujours suivant le total du ré-
« glement.

« Pour *id.*, au-dessous de 400 fr., il est dû une ou
« deux vacations selon le cas, car on sent qu'un ar-
« chitecte ni un vérificateur, ne peuvent se déplacer
« à moins d'une vacation fixée comme ci-dessus.

« Pour expertise, y compris plans, évaluations,
« procès-verbal, 1/2 du cent suivant le montant de
« l'expertise. Cependant la plupart des expertises se
« font par vacations.

« Pour toisé de terrasses, maçonnerie, couverture,
« charpente, plomberie, carrelage, 1 fr. 20 cent. du
« cent, selon le montant (*en demande*) du mémoire,
« ou 12 fr. du mille.

Et dans le tome 2 *id.* page 119.

« Les honoraires de l'architecte sont fixés à cinq
« pour cent, ou à un vingtième du montant total des
« mémoires de tous les travaux dont il a fait les plans,
« dont il a suivi l'exécution et dont enfin il a vérifié et
« réglé les mémoires; ces honoraires sont suffisans
« dans les constructions ordinaires; mais pour celles
« qui exigent des essais, des études, un grand nombre
« de dessins pour les distributions et la décoration,
« enfin beaucoup de détails partiels, et dont les diffi-
« cultés d'exécution réclament le concours et la pré-
« sence habituelle d'un ou de plusieurs inspecteurs,
« ces émolumens sont augmentés en raison de ces
« diverses circonstances, il est accordé alors six, sept,
« et même sept et demi pour cent, si l'on ne préfère
« payer à part les dessins terminés ou rendus. »

Art. 8. *De la main-d'œuvre.*

Pour faciliter l'étude du registre des sous détails, nous n'avons porté à l'art. 8 de la main-d'œuvre que le nom d'un ouvrier; la place disposée à cet article suffit à l'inscription de 15, et si le nombre excédait, ce qui devra arriver rarement, on portera l'excédant au journal des travaux.

Cependant l'inscription des noms des ouvriers n'est pas indispensable ici, car ils ne sont utiles que lorsqu'on présume avoir besoin d'étudier à plusieurs reprises, les détails d'un ouvrage : la mémoire suffit quand il y a peu de temps que l'ouvrage est fait.

Pour connaître le prix de l'heure, il ne faut que diviser le prix de la journée par le nombre d'heures dont elle est composée, d'après l'usage des lieux.

Ainsi une journée de 13 heures payée 2 fr. 50 c., vaut 0,192 millièmes l'heure.

OPÉRATION.

$$\begin{array}{r|l} 2\ 50 & 13 \\ \hline 1\ 20 & 0,192 \\ 30 & \\ 4 & \end{array}$$

On peut pousser les décimales plus loin, s'il est nécessaire, mais souvent, et surtout lorsqu'il y a peu d'heures, on se contente des centimes, en les augmentant d'un, lorsque le dernier chiffre excède 4.

On abrégerait encore les calculs en fixant les prix de la journée, de manière à donner exactement un nombre entier de centimes par heure; par exemple 13 heures   à   «   20 centimes.

Produiraient   2 fr. 60 c. par jour.

Si l'on avait 21 centimes par heure, la journée serait de 2 fr. 73 centimes; on pourrait ne payer à l'ouvrier que 2 fr. 70 centimes, sans rien déranger d'important à l'exactitude des comptes; par ce moyen on éviterait les opérations par millièmes et dix millièmes.

Celui qui possède les tableaux détaillés de M. Morisot pourra, lorsqu'il fera des ouvrages semblables à ceux qui y sont désignés, apprécier si ses ouvriers égalent en activité ceux qui ont servi de modèles aux calculs de ses tableaux.

Par exemple : L'Animé a passé 113 heures 15 minutes après 4 croisées n° 1, de 6 pieds, semblables en tout à celles de M. Morisot, page 327 et 328, ou 28 h. 19 minutes par croisée, façon et pose comprises.

Morisot compte 21 heures 36 minutes de façon.

2 heures 36 minutes juste de pose.

____

En total. . 29 heures 12 minutes.

On voit que l'Animé a passé près d'une heures de moins, mais il eût pu se faire qu'il eût passé plus de temps, car la qualité et la dureté du bois est ici pour quelque chose, et chacun ne tombera pas toujours aussi juste sous le rapport de la main-d'œuvre.

Art. 9. *Faux frais de main-d'œuvre.*

En fixant à 0, 10 centimes par jour l'usure et l'entretien des outils, nous n'avons eu en vue que de soulager les calculs approximatifs, certains d'ailleurs que si l'on employait des outils élégans et recherchés, il faudrait estimer les frais en raison de leur fragilité et de leur entretien.

Art. 10. *Bois, Placage et Déchet.*

Voyez à la table ce qui est dit sur le Registre du Débit des bois.

Art. 15. — *Colle fondue.*

Une livre de bonne colle de Givet, propre à plaquer, étant fondue dans un litre d'eau, pèse deux livres et demie ou deux fois et demi son propre poids.

D'après plusieurs expériences, il faut 3 livres $\frac{1}{4}$ ou 52 onces de colle fondue, pour plaquer une toise superficielle ; par conséquent une once et $\frac{4}{9}$ par pied carré.

Ainsi, si une livre de colle coûtait un franc d'achat, et que l'on estimât le feu nécessaire à sa fonte o, 25 c., ce serait un franc 25 cent. que vaudrait 2 livres $\frac{1}{2}$ ou 40 onces de colle fondue ; enfin, o, o31 millimes l'once et près de o, o45 millimes le pied carré, et 1 fr. 61 c. la toise superficielle.

Opérations.

Quantité de colle fondue par toise 52 onces | 36 nombre de pieds contenus dans la toise superficielle.

16 ‖ 1 once 16 par pied ou 1 once $\frac{4}{9}$

$\frac{}{36}$

1, 25 | 40

50   0,031

10   × 1 $\frac{4}{9}$

o/o31

Pour 3/9 le 1/5 du multiplicande   101

Pour 1/9 le tiers du dernier produit.   34

o o 45 valeur d'un pied carré

$$X \quad \frac{52 \text{ onces par toise.}}{0, 031, \text{valeur de l'once de colle fondue.}}$$

$$\begin{array}{r} 52 \\ 156 \\ \hline 1,612, \end{array} \text{valeur de la toise superficielle.}$$

Art. 16 et 17. *Ponce, Vernis*, etc.

Après plusieurs vérifications, nous avons trouvé les détails suivans, pour une toise superficielle de vernis, auxquels détails nous avons porté des prix approximatifs.

Vernis 1/2 litre.	1 fr. 25 c.
Huile de lin. *id.*	0 50
Essence 1/4. *id.*	0 13
Chiffons, 4 onces.	0 12
Tripoly. *id.*	0 05
Papier de verre trois feuilles.	0 25
Ponce, 4 onces.	0 10
Total par toise.	2 fr. 40 c.

Par pied, 67 millimes. Mais nous comptons 7 centimes par pied superficiel.

Art. 18. *Polissage à la cire.*

Nous comptons par chaque toise sur noyer, et autres bois peu poreux,

Ciré au liège.	2 onces.
Au fer chaud.	3 *id.*

L'encaustique est composé ordinairement de cire blanche, d'essence de thérébentine et de colophane.

Cire blanche.	8 parties.
Essence.	16 *id.*
Colophane.	1 *id.*

On fait fondre à petit feu la cire et la colophane,
dans un vase de terre vernis et de bonne qualité; on
le retire du feu pour verser l'essence, et l'on brouille
le tout avec une spatule.

Art. 19. *Couleurs.*

On réussit rarement à donner de belles couleurs
aux bois, indigènes ou français; la plupart des ouvriers manquent des ustensiles nécessaires à la réus-
site de leur composition, et souvent aussi les ingrédiens que l'on trouve dans le commerce manquent de
qualités essentielles; il est important de s'y connaître
avant de les employer en quantité convenable. Il faut
aussi, pour réussir, ne pas négliger la propreté, éviter
soigneusement de laisser sur le bois aucun corps gras,
bien laver les vases et les brosses à l'eau chaude,
faire sécher le plus promptement possible, quoique à
l'ombre, parce que le soleil ou le feu pourrait nuire
aux panneaux et manger la couleur; enfin, on doit
éviter la poussière autant que possible.

Art. 20. *Intérêts des fonds roulans.*

Si vous voulez connaître la valeur de l'argent, dit
le Bonhomme Richard, cherchez à en emprunter; ne
perdez donc pas de vue que celui qui vous vend à
crédit vous prête, et que le vendeur doit nécessairement comprendre d'avance, dans le prix auquel il
vous cède sa marchandise à crédit, 1° l'intérêt proportionnellement au temps convenu; 2° il doit aussi,
pour ne pas s'exposer à perdre, augmenter l'intérêt
ordinaire d'une sorte de prime d'assurance contre les
chances de pertes; ces intérêts réunis forment ce
qu'on appelle l'intérêt au taux du commerce.

L'intérêt le plus bas à supporter lorsqu'on emprunte de l'argent, est de 5 pour cent en fournissant hypothèque ; mais dans le commerce, lorsqu'on prête en marchandise, soit sur parole, soit sur demande écrite (quoique les lois protègent les droits du vendeur), il n'est pas moins exposé à perdre tout, ou partie de la fourniture, si l'emprunteur ou l'acheteur à crédit, comme on le voudra bien nommer, fait faillite.

Vous concevez que plus les faillites sont fréquentes dans un pays, moins les marchands aiment à faire crédit, ou ne le font qu'en augmentant, d'après leur expérience, la prime des chances des pertes, c'est-à-dire, qu'au lieu de prêter à 5 pour cent, comme ils empruntent en engaeant leurs biens fonciers, ils prêtent à 8, 10 ou 12 pour cent par an, selon qu'ils craignent des chances défavorables.

Donc l'acheteur au comptant doit toujours être déchargé des frais qui pèsent sur celui qui achète à crédit ; il doit, conséquemment, payer moins cher de toute la prime de précaution contre les mauvaises créances.

M. Mossé, dans l'*Art de Gagner sa vie*, 3ᵉ édition, page 120, dit :

« La plupart des spéculateurs qui achètent à terme,
« paient leurs marchandises à un prix tellement au-
« dessus de celui qu'ils paieraient au comptant, qu'ils
« auraient beaucoup plus d'avantage à se procurer
« des fonds à intérêts, pour opérer leurs acquisitions,
« que de les faire ainsi.

« Ce dernier parti néanmoins n'est pas, dans tous
« les cas, également bon à prendre : les intérêts d'ar-
« gent rongent toujours le commerce peu actif, et
« frappent au cœur la moyenne prospérité. Tenu sous
« le joug des capitalistes, l'homme industrieux res-
« semble alors à une faible proie qui se débat sous les

« griffes du vautour jusqu'à ce qu'elle succombe, et
« quand elle s'échappe par quelque miracle, elle
« emporte sur elle des blessures profondes, longues et
« douloureuses à guérir. »

Le journal *le Père de Famille*, celui de novembre
1832, page 237 contient un article sur l'usure dont
nous allons donner ici quelques fragmens.

« Dans ce prêt désastreux il y a toujours une dupe
et un fripon ;

« La dupe est la personne qui, sachant que le bien
fonds rapporte 4 à 5 pour cent au plus, et le commerce
6 ou 7, consent cependant à emprunter au denier 10,
12, 15 et plus.

« Le fripon est celui qui, profitant de l'ignorance
ou de la détresse de cet homme, lui ravit sa fortune
par des intérêts exorbitans dont il augmente son capital sans profit pour la société, attendu que presque
toujours l'usurier est avare. »

« Voici, à cet égard, ce que porte la loi du 3 sep-
tembre 1807, qui règle cette matière.

« ART. 1er. L'intérêt conventionnel ne pourra excéder, en matière civile, cinq pour cent, ni en matière
de commerce six pour cent, sans retenue.

« 2. L'intérêt légal sera, en matière civile, de cinq
pour cinq, et en matière de commerce, de six pour
cent, sans retenue.

« 3. Lorsqu'il sera prouvé que le prêt conventionnel a été fait à un taux excédant celui qui est fixé par
l'art. 1er, le prêteur sera condamné, par le tribunal
saisi de la contestation, à restituer cet excédant, s'il
l'a reçu, ou à souffrir la réduction sur le principal
de la créance, et pourra même être renvoyé devant
le tribunal correctionnel, pour y être jugé conformément à l'article suivant.

« 4. Tout individu qui sera prévenu de se livrer

habituellement à l'usure, sera traduit devant le tribunal correctionnel, et, en cas de conviction, condamné à une amende qui ne pourra excéder la moitié des capitaux qu'il aura prêtés à usure.

« S'il résulte de la procédure qu'il y a eu escroquerie de la part du prêteur, il sera condamné, outre l'amende ci-dessus, en un emprisonnement qui ne pourra excéder deux ans.

« 5. Il n'est rien innové aux stipulations d'intérêts par contrats ou autres actes faits jusqu'au jour de la présente loi. »

On lit dans l'*Art de Vivre heureux*, par l'abbé Lang, page 27 :

« L'intérêt ou l'amour de soi, est la disposition à tout rapporter à soi.

« C'est de la manière dont l'intérêt de l'homme se modifie, que dérivent les vices et les vertus.

« Les hommes ne sont pas méchans en général, mais ils sont tous attachés à leurs intérêts.

« Dans tous les pays du monde l'on est intéressé à connaître l'intérêt véritable. »

Nous ne comptons, dans notre méthode, l'intérêt des fonds roulans, qu'à partir du jour de la confection de l'ouvrage, parce qu'avant la fabrication l'intérêt des fonds placés dans la marchandise est compté dans les capitaux engagés, et figure en cette qualité dans les faux frais annuels.

Enfin, pour mieux faire comprendre ce que nous venons de dire, au sujet des frais d'intérêts, ajoutons ici ce qu'en dit M. Bergery, dans son *Économie industrielle du Fabricant*, page 188. Voici ce passage.

FRAIS DE CAPITAL CIRCULANT.

« *Évaluation du capital.* C'est le capital circulant qui

« paie tous les frais journaliers d'une fabrique. Il doit
« donc être tel qu'il puisse fournir aux avances, depuis
« le moment où l'on achète la matière première d'un
« objet, jusqu'à celui où l'entrepreneur reçoit le prix
« de cet objet; or, ce laps de temps se compose de celui
« qu'exigent les détails de la fabrication, de celui qu'il
« faut employer pour transporter le produit sur le
« marché et le vendre, puis du délai qu'on est sou-
« vent obligé d'accorder à l'acheteur. Supposons qu'en
« somme tout cela fasse 9 mois, et que, d'après les
« évaluations qui précèdent, les frais journaliers, soient
« 200 fr., l'entreprise nécessitera un capital cir-
« culant de 54,000 fr. au moins, et le prix du ser-
« vice de ce capital, ou l'intérêt, formera une avance
« de 2.700 fr., faite annuellement à la production.

« *Réalité de l'avance des intérêts.* On dira peut-être
« que le fabricant ne dépense pas ces 2,700 fr., si le
« capital lui appartient; que pouvant obtenir des ter-
« mes pour ses paiemens, il n'a pas réellement besoin
« de 554,000 fr., et que la facilité de négocier les billets
« de ses débiteurs, lui permet de travailler avec une
« somme beaucoup plus faible. Tout cela est juste,
« mais il n'en est pas moins vrai qu'outre les frais pré-
« cédemment évalués, le fabricant fera toujours une
« avance annuelle de 2 700 fr., qu'il possède ou non
« les 54,000 fr., que cette somme existe en tout ou en
« partie dans la caisse.

« *Cas de la possession du Capital.* S'il possède son
« capital circulant, il le prête à sa fabrique, comme
« il le prêterait à un banquier, et il est de toute jus-
« tice qu'il en retire le même intérêt. Le bénéfice ou
« le salaire que lui procure la vente des produits,
« forme seulement le prix du service des capitaux im-
« matériels; il n'y a rien là pour le prix du service
« de l'argent: si le fabricant n'employait le sien, il

« serait obligé d'en emprunter et de prélever l'intérêt
« avant son salaire.

« *Cas des paiemens à termes.* Qu'il ne paie pas comp-
« tant les matières premières, il n'obtiendra pas l'es-
« compte, et cet escompte est un rabais sur le prix
« courant, qui équivaut à l'intérêt de la somme due,
« pour le délai qu'on est dans l'habitude d'accorder.
« Le fabricant paiera donc, par exemple, 102 fr. 50,
« à 6 mois de terme, ce qu'il n'eût payé que 100 fr.
« au comptant. Or, n'est-ce pas la même chose de faire
« au bout de 6 mois une avance de 102 fr. 50, ou de
« faire sur-le-champ une avance de 100 fr., et d'exiger
« 2 fr. 50 d'intérêt pour 6 mois ? il est même aisé de
« voir que cette dernière façon d'opérer est plus avan-
« tageuse aux consommateurs que la première. Ce
« sont seulement les intérêts de 100 fr. que comptera
« le fabricant, pour les 3 mois qui s'écouleront en-
« core jusqu'à la rentrée de ses fonds ; tandis que
« s'il eût acheté à terme ou payé 102 fr. 50 au bout
« de 6 mois, il aurait été forcé de compter les inté-
« rêts de cette somme pour les 3 autres mois, ou
« d'augmenter le prix des produits de l'intérêt des
« intérêts.

« *Cas de l'escompte de la créance.* S'il négocie les
« effets des acheteurs, et que ces effets soient, par
« exemple, à 6 mois, il paiera au banquier, pour es-
« compte, six mois d'intérêts. S'il vend au comptant,
« il sera forcé de faire réduction de pareille somme.
« Dans les deux cas, la vente ne lui procurera
« le bénéfice légitime, qu'autant qu'il aura fait
« entrer les six mois d'intérêt dans le prix des pro-
« duits.

« Ainsi, que le capital circulant d'une fabrique soit
« réel ou fictif, qu'il appartienne à l'entrepreneur ou
« qu'il soit formé d'emprunts, les consommateurs

« qui profitent au fond du service de ce capital,
« doivent en payer l'intérêt. »

Il est donc suffisamment démontré que l'entrepreneur d'industrie qui produit en travaux bruts pour
12,000 fr. par an, supporte 720 fr. d'intérêts à raison
de 6 pour cent, s'il est l'année entière sans rentrer
dans ses avances ; de plus, nous faisons voir au troisième paragraphe de cet article, qu'il emprunte souvent à plus cher escompte.

Art. 26. Prix coûtant.

Le prix coûtant d'un ouvrage, dans cette tenue de
livres, comprend non seulement l'argent déboursé
pour toutes les fournitures, le salaire des ouvriers,
les faux frais de tous genres, l'intérêt des fonds roulans, etc.; il comprend en outre, l'estimation du temps
passé par l'entrepreneur (1).

Ce temps doit être apprécié par lui selon qu'il
s'occupe d'ouvrage plus ou moins important, afin
qu'il trouve toujours réunis, dans les sous-détails,
la somme du temps employé et le coût total de la
main-d'œuvre, soit qu'il travaille lui-même ou qu'il
fasse travailler des ouvriers de différentes capacités.

Nous venons de dire que le maître ne doit pas toujours compter son temps au même prix; voici pourquoi. Supposons qu'après le plan fait, le bois débité,

---

(1) Il y a de petits et de grands fabricans, dit M. Bergery,
pag. 22, « plusieurs des premiers n'empruntent le secours d'au-
« cun ouvrier : chacun d'eux travaille seul dans son atelier; les
« seconds mettent rarement la main à l'œuvre, ils ont assez à faire
« de diriger et de surveiller leurs nombreux travailleurs; on
« nomme souvent les uns et les autres Entrepreneurs d'industrie, etc.

etc., le maître façonne lui-même en 4 jours de travail assidu, une table, par exemple, pour laquelle il eût donné de façon, à un ouvrier capable de la bien faire, 12 francs, il n'aura réellement gagné que trois francs par journée, à cette occupation.

Mais si, au contraire, la multiplicité des travaux l'oblige de prendre un chef ouvrier intelligent, pour l'aider et le remplacer au besoin, dans la conduite de l'atelier, et que le prix de ce correct soit de 6 francs par jour, il serait juste alors que le maître gagnât autant, lorsqu'il s'occupe des mêmes opérations, s'il ne trouvait pas d'homme capable de remplir cette place à un prix inférieur (1).

Suivant ce système, que l'ouvrage soit confectionné par lui ou par des ouvriers, les résultats, quant aux prix de main-d'œuvre, doivent toujours être les mêmes pour les ouvrages semblables, faits dans son atelier, et lorsque chaque ouvrier est convenablement occupé, et de plus, payé ce qu'il mérite.

Tandis que si l'on ne distinguait pas les occupations du maître, et que l'on évaluât tout son temps passé après l'ouvrage au même prix, le coût de la main-d'œuvre varierait selon qu'il aurait plus ou moins coopéré manuellement à l'ouvrage, ou qu'il se serait fait remplacer.

D'autre part, si l'on ne faisait aucunement entrer dans le compte le prix coûtant du temps passé par l'entrepreneur, il ne pourrait pas connaître ce qu'il gagne exactement et ce que lui coûte l'ouvrage. Car,

---

(1) M. Bergery, *Économie de l'ouvrier*, dit : ainsi le revenu total de l'ouvrier est plus considérable que celui du porte-faix, il croît même avec les difficultés du métier : on paie plus cher, par exemple, le savoir-faire d'un horloger que celui d'un charron.

sur son prétendu bénéfice, il faudrait toujours, pour s'assurer enfin de son bénéfice net et réel, qu'il défalquât approximativement la valeur des soins qu'il aurait apportés à cet ouvrage.

Cet article démontre encore que l'entrepreneur d'industrie, lorsqu'il occupe un bon ouvrier à fort prix, mais faible en force, à des ouvrages communs et fatigans, après lesquels un ouvrier très borné, mais robuste et de moindre prix, eût seul, perd nécessairement une portion du bénéfice qu'il pouvait économiser, en mettant chaque ouvrier à l'ouvrage qui lui convenait le mieux.

Art. 27. *Sixième de bénéfice.*

Pour bien faire comprendre ce que l'on entend par sixième de bénéfice, d'après la manière de compter de M. Morisot, manière qui sert encore de guide à la plupart des menuisiers et des toiseurs, nous allons d'abord faire connaître comment il a compté ses faux frais, ensuite nous ferons quelques observations sur le vice de sa méthode, et sur l'erreur où elle entraîne inévitablement celui qui s'y fie.

« Des faux frais, d'après M. Morisot, et de le ar -
« port avec la main-d'œuvre.

« Sous le nom de faux frais, dit-il, page 5, 2ᵉ édition des Détails de menuiserie, j'entends comprendre « 1° le loyer, non de l'habitation, mais du chantier « seul; 2° les frais de patente, et le droit fixé propor- « tionnellement à cette location; 3° les frais de trans- « port des ouvrages du chantier au bâtiment; 4° les « frais de lumière, qui ont lieu environ six mois « de l'année, soir et matin; 5° Les frais d'outils que

« l'entrepreneur est obligé de fournir à chaque ou-
« vrier ; 6° enfin le temps perdu par les ouvriers à
« décharger les planches venant du port, à les em-
« piler ; à désempiler et réempiler ces mêmes bois,
« au besoin, pour en faire le choix propre à chaque
« espèce d'ouvrage, et à charger les travaux confec-
« tionnés pour en opérer le transport.

« A l'égard des frais de correct, ouvrier chargé de
« marquer et débiter les bois ainsi qu'à distribuer et
« surveiller les travaux, on ne les comprend pas plus
« dans les faux frais de menuiserie, qu'on ne com-
« prend ceux d'appareilleur et de maître compagnon
« dans la maçonnerie, et parce que cette occupation
« est réellement celle de l'entrepreneur, qui ne s'en
« dispense que lorsqu'il en est empêché par la multi-
« plicité de ses travaux, cas où les bénéfices qu'il en
« recueille le couvrent et au-delà de cette dépense. »

Les faux frais que je viens d'énoncer ne peuvent
être évalués que d'après un terme moyen pris de l'é-
tat actuel des divers ateliers de menuiserie ; je suppose donc l'atelier moyen, que je prends pour ma
règle commune, composé de dix ouvriers pendant
toute l'année, ce qui tient le milieu entre les plus
forts et les plus faibles. Une année de travail pour
chacun d'eux, déduction des jours de repos, se compose de 320 journées, ce qui fait monter le total des
journées desdits ouvriers de l'atelier à 3,200, qui, à
raison de 3 fr. 50 la journée, forment une dépense
de . . . . 11,200 »

1° J'estime la location du chantier nécessaire à ce nombre d'hommes et au bois
qu'ils peuvent employer à. . . . . . . 600 »
2° Les frais de patente et du dixième de
la location montant à . . . . 100 »

3° Je porte les frais de transport de
l'ouvrage de l'atelier au bâtiment à . . . 240 «

4° Je compte pour l'éclairage de l'atelier 260 livres de chandelles au prix de
1 franc la livre . . . . 260 »

5° Je crois devoir porter la valeur des
frais d'outils (tant pour l'usure, la perte,
l'entretien et le renouvellement) qui se
composent d'une varlope, d'une demi-var-
lope, d'un rabot, d'un guillaume, d'un
marteau, d'un ciseau et d'un fermoir, et des
fers pour l'affûtage, savoir : pour les fers
des affûts, 6 fr.; pour ciseaux et fermoirs
5 fr.; pour entretien des bois de l'affûtage
6 fr.; marteau, 1 fr. 50; entretien de va-
lets, 4 fr.; et pour les sergens, 3 fr. :
somme totale 23 fr. 50 c. par an, pour
chaque compagnon ce qui donne un total
de . . . . 235 »

6° Enfin, quant au temps perdu pour
décharger les voitures de planches et les
empiler, pour faire le triage des bois nécessaires aux diverses espèces de travaux, et
pour charger les ouvrages dans les voitures
qui doivent les transporter au bâtiment, je
le fixe à 120 journées de perte dans le cours
de l'année; ce qui forme un total de . . 420 »
____

Le total des faux frais s'élève donc, pour   f
cet atelier, à . . . . 1,855 »
____

La somme totale de la main-d'œuvre
étant de . . . . 11,200 »

Il s'en suit que les faux frais sont à la main-d'œuvre comme un est à six environ, terme auquel je me suis arrêté dans mes tableaux d'appréciation.

Observations. M. Morisot compte beaucoup trop de jours ouvrables dans l'année, et, par cette raison, augmente de beaucoup le coût total de la main-d'œuvre, et par conséquent le rapport de la main-d'œuvre aux faux frais; car, sur 365 jours contenus dans l'année, ôtons 52 dimanches, reste 313 jours; puis les fêtes mobiles et celles que les ouvriers, presque généralement, chôment, telles que l'Ascension, la Fète-Dieu, l'Assomption, la Toussaint .   4 journ.

et l'auguste sainte Anne, il faut bien lui
accorder 2 jours.   2

Pour les fêtes du Roi ou réjouissances
publiques accordons encore 2 jours . .   2

Et Noel ainsi que le jour de l'an qui
tombent souvent dans la semaine, alors .   2
Enfin le mardi gras doit occuper aussi sa
place   1

Total onze jours de fêtes.   11 jours.

ôtés de 313; restent 302 jours ouvrables.

Mais dans quel pays les ouvriers consacrent-ils, par année, 302 jours au travail? Si nous avons bien observé le résultat de l'abus qui s'enracine presque généralement chez les ouvriers, c'est de ne travailler au plus que 5 journées complètes par semaine; mais supposons ici qu'ils travaillent 5 jours et demi, on aura, dans ce cas, 26 jours à extraire des 302 journées obtenues plus haut, ou seulement 276 jours ouvrables dans l'année.

Il est rare qu'en outre, un ouvrier n'ait pas quelques circonstances imprévues qui l'obligent de perdre encore quelques journées, soit par maladies auxquelles l'intempérance contribue beaucoup, ou pour s'être blessé en travaillant, ou quelques affaires de famille, etc.

On nous objectera peut-être que les Maîtres doivent tenir la main, même se liguer, comme le dit M. Bergery, page 214, pour abolir le chômage superflu du lundi.

Nous sommes loin de contredire cette sage mesure ; nous observerons seulement que l'entrepreneur qui, seul, voudrait lutter trop brusquement contre une vieille coutume, s'exposerait à rester long-temps sans ouvrier, et peut-être ruinerait par-là son établissement.

Du reste, notre intention n'est que de donner les moyens de répartir les frais le plus exactement possible, et sans illusion, suivant le temps, le lieu, l'usage, les hommes et l'atelier.

« La recherche de la vérité n'exige pas seulement
« qu'on triomphe de la paresse, elle demande aussi
« qu'on se dégage de certains désirs et de certaines
« craintes. Si, en examinant un sentiment reçu, nous
« souhaitons trop vivement qu'il soit vrai, parce qu'il
« serait dangereux de le rejeter, s'il venait à être re-
« connu faux, nous ne sommes plus en état de peser
« avec l'attention nécessaire les raisons opposées, et,
« partant, de connaître la vérité. (*Jacquier.*)

Ainsi, si nous reprenions les calculs de M. Morisot, d'après notre base probable de 276 jours par homme, nous n'aurions en total que 2,760 journées, au lieu de 3,200 trouvées par lui ; la différence est de 440 journées par an, sur l'atelier composé de dix hommes : comptant comme lui la journée à 3 fr. 50 c., nous aurons 1540 fr. de moins. Le maître, dans ce cas, débourserait donc de moins, en main-d'œuvre, 1540 f. par an ; mais cette différence entre nos calculs ne s'arrête pas là. Nous devons aussi faire apercevoir que M. Morisot compte toutes les journées à 3 fr. 50 c., c'est-à-dire au plus haut prix des ouvriers journaliers ordinaires de Paris. Cependant nous savons qu'à Paris, comme ailleurs, la moitié des établis sont occupés par de jeunes ouvriers de province qui y affluent, surtout en été, de toutes parts, que le besoin ou le désir d'apprendre y conduit. Ces ouvriers gagnent ordinairement moins que ceux qui sont au courant des travaux de Paris, et qui ont acquis la célérité d'exécution remarquable aux ouvriers sédentaires de ce pays. Cette sorte d'ouvriers est payée de 2 à 3 fr., suivant l'âge, la force et le talent. Ainsi, supposons que le terme moyen du prix de leurs journées soit 2 fr. 50 c., et celui des ouvriers consommés 3 fr. 50 c.; ce ne serait néanmoins qu'à 3 fr. par jour, l'un portant l'autre, qu'il faudrait compter le prix moyen de la dépense pour la main-d'œuvre.

Dans cette supposition, si nous multiplions 2,760 journées probables par 3 fr., nous n'obtiendrons pour dix ouvriers que 8,280 fr. pour main-d'œuvre totale, au lieu de 11,200 fr. trouvés par M. Morisot; la différence sera de 2,920 fr., et le maître n'aura à payer pour main-d'œuvre que les trois quarts, à peu près, de ce que compte M. Morisot, puisque quatre fois 2,920 égal 11,680 fr. Mais les faux frais restant les mêmes, il s'en suit qu'au lieu d'être un sixième de la main-d'œuvre, ils seront près d'un cinquième; car 5 fois 1,855 fr., montant des frais de M. Morisot, égal 8,275 f., qui est presque le montant de notre main-d'œuvre, à 5 fr. près.

Examinons maintenant si les faux frais peuvent être déterminés exactement par la manière mise en usage par M. Morisot.

1° *La Location*. On sait que partout la location

varie selon l'emplacement ou la proximité des rues,
plus ou moins commerçantes. Telle location qui coûte
6oo fr. hors des barrières, coûte 2,ooo fr. dans le voi-
sinage du Palais-Royal, et 2oo fr. dans certains lieux
de province. Nulle part, enfin, on ne paie la location à la toise superficielle ; donc on ne peut établir,
à ce sujet, de règles proportionnelles, ni de bases
fixes.

2° *Frais de patente*. Les frais de patente varient
aussi en raison de la location, puisqu'ils sont toujours
composés : 1° du droit proportionnel du dixième de
la location ; 2° du droit fixé par la tarif du lieu que
l'on habite, suivant la population, l'industrie, ou la
profession ; 3° des centimes additionnels pour les
dépenses départementales, qui aussi sont variables ;
4° de la contribution personnelle de trois journées de
travail qui varient encore de 1 fr. 5o c. à 4 fr. 5o c. ;
donc rien des frais de patente n'est en proportion
constante.

3° Comment aussi apprécier les frais de transport
de l'atelier au bâtiment ? On ne peut que les supposer.
Et ne varient-ils pas encore en raison de leur proximité? Il en est de même des frais d'outils. *Voyez* Frais
de main-d'œuvre, art. et note 9.

4° Les frais de déchargement et d'empilage des
planches ne dépendent-ils pas encore de la localité?
N'est-il pas clair que l'on dépensera beaucoup moins
si la voiture peut arriver près du lieu de l'empilage,
que s'il fallait les transporter à l'épaule en traversant
des cours, ou monter des escaliers, pour remiser ces
bois dans des greniers, etc. *Voir* le Registre de l'achat
des bois.

Nous croyons avoir démontré évidemment que vouloir établir un rapport entre les faux frais et la main-
d'œuvre, c'est essayer à caller de niveau un billard dans

un vaisseau, sur une mer agitée; c'est bâtir sur des sables mouvans.

Sur le Sixième de bénéfice.

M. Morisot accorde un sixième de bénéfice pour industrie, etc., page 64 de son livre. Ce bénéfice, comme on va le voir, est loin d'être net dans beaucoup de circonstances.

D'abord, on entend communément par industrie, les connaissances, les talens, l'intelligence de l'entre-preneur. Or, le bénéfice légitime industriel doit sur-passer l'intérêt des fonds placés dans son instruction, afin qu'il puisse rentrer chaque année dans une partie du capital avancé pour son éducation. *Voir*, à ce su-jet, l'*Économie industrielle* de M. Bergery, tome II, page 199. Cet intérêt, quel qu'il soit, pèse déjà sur le sixième du bénéfice de M. Morisot.

Le temps que le maître, ou un sous-chef, consacre aux prises des mesures, levée des plans, écritures journalières, toisés, mémoires, débits du bois, à la direction des travaux, etc., pèse encore sur le sixième de bénéfice, puisque Morisot dit que les frais de cor-rect ne sont pas compris dans les faux frais; que les bénéfices couvrent cette dépense : c'est ce qu'on ne saura bien qu'en se rendant compte d'après notre mé-thode.

M. Morisot défendait encore, sans doute, à l'entre-preneur de faire crédit, et voulait qu'il ne payât les ouvriers qu'après l'ouvrage reçu et soldé, puisqu'il ne parle pas de l'intérêt des fonds circulans, qui sont si considérables. *Voir* article et note 25 de notre mé-thode.

Ou si les faux frais que nous venons de désigner sont sous-entendus dans son *etc.*, nous craignons que bien souvent son *etc.*, des faux frais que M. Morisot n'a pas détaillés étant mis dans la balance, ne fasse faire la culbute à son bénéfice.

Aussi, sommes-nous persuadés qu'en se rendant compte de toutes choses, l'entrepreneur sentira chaque jour la nécessité de ne rien négliger pour apprécier le bénéfice net, et pour établir des prix raisonnables et raisonnés.

Tous les menuisiers qui ont cherché à se rendre compte de la valeur de leurs travaux, se sont aperçus que les livres qui traitent sur les toisés des bâtimens, sont insuffisans pour régler le prix des ouvrages, et qu'il est presque toujours dangereux de les prendre pour guide, dans les estimations, car tous les élémens qui constituent la valeur d'un ouvrage varient selon les temps et les lieux ; il est même clair que tandis que l'auteur rassemble, pour grossir un volume, des notes déjà vieillies, chez les toiseurs, les architectes et dans les ateliers de Paris, son ouvrage a déjà atteint la caducité.

M. Morisot, page 84 et 85 de son introduction du 1er vol., 2me édition, cite l'opinion de M. Desgodets et fait lui-même l'aveu, qu'un ouvrage de ce genre ne peut convenir long-temps, et s'exprime ainsi :

« Le prix des travaux de bâtiment, dit à cet égard M. Desgodets, sont variables et plus chers dans des temps que dans d'autres, soit en raison de la facilité ou de la difficulté de tirer, fabriquer, trouver et voiturer les matériaux, soit en raison du plus ou moins grand nombre d'édifices en construction, soit en raison du prix des journées d'ouvrier ou de voitures, qui augmentent ou diminuent dans la proportion de la cherté, ou du bon marché des vivres, des vêtemens, des logemens et d'un infinité d'autres choses semblables. »

D'autres causes de variations dans les prix, dit encore M. Desgodets, sont le plus ou le moins de capacité ou d'aisance de l'entrepreneur, en ce que l'ouvrier maladroit fait plus de déchet qu'un ouvrier intelligent, et que celui qui n'a pas les fonds nécessaires pour faire à l'avance, et dans les saisons convenables, l'achat des matériaux, les paie plus cher que celui qui peut s'en approvisionner à temps.

De tout cela il tire cette conséquence : qu'il n'est pas possible de fixer pour toujours le prix de chaque nature d'ouvrage, et qu'il est même incertain que l'on pût les apprécier au juste pour le courant d'une seule année.

Ainsi, reprend M. Morisot, nous ne balançons pas a poser en principe, avec M. Desgodets, que les prix de toute espèce d'ouvrages sont nécessairement variables; que dire que tel ouvrage doit coûter tant, ne peut être une chose vraie pour toujours; que ce n'est chose vraie que pour le lieu et le moment où l'on écrit, sans que l'on puisse garantir ni qu'elle soit vraie ailleurs le même jour, ni qu'elle doive être encore vraie le lendemain dans le même lieu.

Mais M. Desgodets, dit encore M. Morisot, et tous ceux qui, comme lui, ont cru ne pouvoir vaincre les obstacles qu'il énumère, ont mal saisi ce qu'ils avaient à faire pour répondre à ce que les ouvriers ou entrepreneurs d'une part, et les propriétaires qui font bâtir, d'autre part, attendaient de leurs lumières. Ce ne sont point des tarifs ou prix faits de toute espèce de travaux qu'on leur demandait; c'était des élémens fixes, d'après lesquels les prix, malgré leur variabilité, pussent être équitablement déterminés partout et dans tous les temps. »

On verra ci-après que M. Morisot n'a pas non plus atteint ce but, où tendent tous leurs efforts.

Dans le Manuel d'architecture, par M. Toussaint, architecte, tome second, on trouve aussi sur le 1er
feuillet :

» Ainsi que nous l'avons dit dans notre introduc
» tion , ces prix sont continuellement susceptibles de
» variations, tant à cause de la quantité de travaux
» entrepris à la fois dans une seule ville, comme à Pa
» ris en 1825 et 82 6, ce qui a occasionné une aug
» mentation d'un quart et même d'un tiers sur tous
» les travaux de bâtiment, que de la facilité ou de
» la difficulté des arrivages, des obstacles que pré
» sente la mise en œuvre de tels ou tels matériaux,
» et enfin de mille autres circonstances locales qui
» peuvent s'offrir lors de l'exécution de certains ou
» vrages.

» Les adjudications publiques offrent aussi des dif
» férences quelquefois énormes avec les résultats que
» nous donnons ici, puisque certains entrepreneurs
» font souvent des rabais de 25 à 30 pour cent sur les
» prix portés aux cahiers des charges par les archi
» tectes ou les ingénieurs des administrations, les
» quels sont pourtant basés sur des détails très pré
» cis, et sont portés aux devis d'après des expérien
» ces souvent réitérées, et la conviction intime qu'il
» est impossible de faire ces travaux au - dessous.
» Comment donc se fait-il que des rabais si extraordi
» naires aient lieu? chacun se fait cette question, à la
» quelle il n'est pas difficile de répondre : C'est 1° que
» les entrepreneurs qui les consentent, sont ou des
» ignorans qui ne savent se rendre aucun compte
» du coût de leurs travaux : aussi combien y en a-t-
» il qui terminent les ouvrages dont ils se sont ainsi
» rendus adjudicataires sans être ruinés ? 2° ou qu'ils
» comptent sur la faiblesse, la négligence ou la nul
» lité des chefs placés pour les surveiller, qu'ils en-

« tendent bien alors à se dédommager sur les qualités
« des matériaux à fournir et sur les malfaçons qu'ils
« rejettent sur des sous-traitans rendus responsables,
« et dupes à leur tour de leur sous-traités, etc. »

Les auteurs de l'Almanach des bâtimens ont bien
senti qu'aucun ouvrage composé sur cette matière ne
pourrait convenir long-temps, même pour Paris, et
quoiqu'ils changent, dans l'Almanach, la plupart des
prix tous les ans, celui qui s'en sert n'a aucune idée de
son bénéfice; il ignore les détails et les moyens de se
créer un revenu, soit par une économie raisonnée,
ou dans le choix des travaux plus avantageux pour lui,
et plus conformes à ses moyens physiques et pécu-
niaires.

Enfin il suit aveuglément et de bonne foi le chemin
tracé par d'autres, sans s'enquérir où il est conduit;
mais, comme dit le bonhomme Richard : « Dans les affaires de ce monde, ce n'est pas par la foi qu'on se
sauve, c'est en n'en ayant pas. »

La plupart des ouvriers de province, sont encore
bien plus exposés à errer, lorsqu'ils se servent des
ouvrages faits par différens auteurs, et dans des temps
différens; donnons seulement ici pour exemple, une
croisée de 6 pieds, désignée sous le n° 1 de notre
journal des travaux. M. Morisot, page 429, art. 400, obtient   26,40

M. L.-T. Pernot, architecte vérificateur, dans son
Encyclopédie populaire, cinquième partie, page 56,
porte vaguement le prix de 3 f. 75 c. à 5 f. 44 c. le pied
de hauteur, ou pour 6 pieds de   22,50
                                                       à 32,64

Dans le Manuel du Menuisier, par Nosban, tome second, 3° édition, page 109, il porte le pied linéaire,
sans égard à la largeur, à 3 fr. 40 c., ou les 6 pieds;
à   20 fr. 40 c.

Cependant ces mêmes auteurs disent, dans leurs Traités de mesurage, que l'on compte les croisées au pied linéaire ou au pied superficiel, et ne donnent aucun prix du pied superficiel ; la différence est pourtant majeure entre une croisée de 3 p. 6 et une de 4 p. 6 : elle est de 6 p. carrés ; néanmoins, ils les portent au même prix ; donc leur travail n'est qu'approximatif et incomplet. Quand il n'y aurait pas d'autres défauts, il y aurait des chances à courir, qui ne seraient pas toujours à l'avantage de l'entrepreneur.

M. Morisot fait observer, page 58, « Qu'un auteur « ancien, M. Potain, après avoir dit dans sa préface, « que de son temps, les planches de chêne portaient « de 11 à 12 pouces de largeur, n'en compte pas « moins 12 toises pour une toise superficielle de lam- « bris, dont 8 toises pour les panneaux, et 4 toises « pour les bâtis ; mes calcul et mes observations, dit « encore M. Morisot, m'ont convaincu qu'il suffi- « sait de 9 toises 3/4 dans tous les cas possibles, quoi- « que les planches n'aient maintenant que 8 et 1/2 à 9 « pouces de large. On peut conclure, continue-t-il, « que d'après une telle erreur, cet auteur n'a pas été « plus exact dans ce chapitre que dans tous ceux que « son livre renferme. »

Nous prions d'observer que M. Potain, dans son ouvrage de 1778, prend le titre d'ancien entrepreneur des bâtimens du roi.

M. Morisot, celui de vérificateur expert des bâtimens du roi. Leur emploi avait déjà beaucoup de rapports ; tous les deux ont traité sur l'architecture et sur les toisés ; de plus, les détails de M. Morisot sur la menuiserie, ont succédé à ceux de M. Potain et les ont remplacés.

M. Morisot, en critiquant son maître sur une erreur, s'est bien gardé de dire, dans son introduction, qu'il

marchait sur les brisées et dans la voie aplanie par
Potain ; il eût trop donné à penser qu'il ne travaillait,
comme lui, que pour le moment et pour Paris seulement; car aussitôt qu'il faut changer le prix des bois,
le prix de main-d'œuvre, le temps passé et surtout
les faux frais, le genre de travail, etc., son ouvrage
n'est plus rien, puisqu'il établit les faux frais sur la
main-d'œuvre.

Prouvons, par un exemple simple, ce que nous
venons d'avancer sur l'analogie de leurs manières de
se rendre compte.

POTAIN, *page 33, seconde édition.*

Cloisons de bois de chêne neuf, d'un pouce, jointes
en languettes.

Les cloisons de chêne d'un pouce d'épais, jointes
en languettes et traversées par un parement. Pour
faire une toise superficielle desdites cloisons, il faut
huit toises de planches, à 1 liv. 6 sols la toise.

	liv.	s.	d.	liv.	s.	d.
Valent.	10	8	o			
Clous.	o	6	6			
Façon et posage. . .	5	5	o			
Faux frais et déchet.	1	11	6 1/3			
	17	11	o			
Dixième de bénéfice.	1	15	o			
La toise superficielle vaut.				19	6	o

MORISOT, *art. 222, page 195.*

Cloisons et tablettes en chêne de 12 lignes d'épaisseur, les planches blanchies d'un côté, jointes à rai-
nures et languettes.

Bois, 9 toises, à 1 fr. 96 c., ci . . . . 17 fr. 64 c.
Déchet par les coupes 1/10, ci 1 76
Façon, 10 heures 10 minutes, à 32 centimes
    l'heure. 3 25
Pose, 6 heures, à 32 cent. l'heure, ci. . . . 1 92
Faux frais, 1/6 de la main-d'œuvre, ci. . . . 0 86

            Déboursés. 25 43
         Bénéfice, 1/6 du tout. 4 24

   Valeur de la toise superficielle. . . 29 67

Le seul perfectionnement de M. Morisot est d'avoir indiqué les heures nécessaires ; d'avoir déterminé les faux frais au sixième de la main-d'œuvre, et le bénéfice au sixième du tout ; mais ce changement offre peu d'avantage.

Quant au temps nécessaire à la confection de l'ouvrage, ne dépend-il pas de la force et de l'adresse des hommes que l'on emploie, ainsi que de la perfection des outils, et de certaines manières de conduire les travaux.

A l'égard des faux frais, nous venons de prouver plus haut leur instabilité, et la fausseté des calculs de M. Morisot à ce sujet.

Enfin sur le bénéfice de M. Morisot, ainsi que sur celui de M. Potain, pèsent encore beaucoup de frais ; le bénéfice est loin d'être net. Morisot n'a fait que changer la fraction, et au lieu de l'avoir laissée à $\frac{1}{10}$, l'a portée à $\frac{1}{6}$; il n'a fait en cela que suivre l'usage du temps où il travaillait, sans s'inquiéter s'il était suffisant, et dans quel cas il pourrait être trop fort. Il n'a pas parlé de bénéfices légitimes, ni d'intérêts de fonds roulans, etc., qu'il laisse peser sur le $\frac{1}{6}$ de bénéfice. Nous concluons donc que M. Potain, trente-cinq ans plus tard, eût fait, sans peine, l'ouvrage de M. Morisot ; et quoique le dernier critique amèrement M. Potain, son maître, il n'a fait que rajuster pour l'époque où il vivait, les détails de celui duquel il blâme la méthode; de plus, qu'il n'a donné aucun moyen exact d'appréciation, et qu'enfin il n'a rien innové d'important, ou d'aussi important qu'il s'est plu à le dire dans son introduction de 255 pages, 1er volume, où il s'efforce de persuader qu'il n'y peut exister d'autre manière de se rendre compte; et dit, page 92 : «Ce que l'on attend et ce que l'on doit attendre des connaissances d'un vérificateur, l'objet sur lequel les lumières de son art sont nécessaires, est l'application exacte de la quantité de matériaux que l'entrepreneur a consommés ou dû consommer; de la quantité d'heures ou journées que la main-d'œuvre a exigées ou dû exiger pour chaque espèce différente d'ouvriers; du montant des faux frais que le travail a occasionés, et enfin du bénéfice dû à l'entrepreneur.

« C'est là, continue-t-il, qu'était le point de la difficulté; c'est sur cette appréciation exacte que portait le problème à résoudre; c'est sur les moyens de parvenir à cette exactitude d'appréciation qu'il fallait créer des principes, et j'ose penser que le système sur lequel j'ai fondé la méthode de mes détails a pleinement atteint le but. »

Et plus loin, page 98, il dit : « Et s'il est vrai que l'on puisse critiquer avec fondement quelques-uns des résultats de mes expériences, toujours est-il que l'on s'égarera nécessairement si l'on s'écarte des principes que j'ai posés sur les moyens de parvenir à des évaluations raisonnées et sûres. M. Savot avait soupçonné l'existence de la route que j'indique; MM. Desgodets et Lecamus de Mézières, en avaient provoqué la recherche; M. Monroy l'avait indiquée et y avait même fait quelques pas; je l'ai exploitée dans toute son étendue, et je l'ai tracée par des jalons qu'on ne peut, j'ose le dire, déplacer qu'en se rejetant dans une fausse direction. »

M. Morisot, comme vérificateur, s'est fait, nous en convenons, un travail immense qui lui a servi et à ses collégues contemporains. Mais comment ne s'est-il pas aperçu, après avoir réfuté, page 39, l'erreur de M. Goupil, qu'il se laissait entraîner par une vicieuse coutume, comme l'auteur qu'il combat. Voici le passage : « Après avoir totalisé dans son détail la valeur de la matière avec le montant de ses évaluations, pour main-d'œuvre, M. Goupil prend ce total pour base du bénéfice qu'il accorde à l'entrepreneur, et il fait ensuite, de ce bénéfice, la base de ce qu'il accorde pour faux frais. Cette manière d'opérer renferme deux erreurs graves.

« La première, en ce que l'entrepreneur se trouve ainsi n'avoir point de bénéfice sur ses dépenses de faux frais, ce qui n'est pas juste; ces dépenses sont pour lui des avances, comme celle des matériaux et de main-d'œuvre, *et son bénéfice doit être pris sur le tout.*

« La deuxième erreur consiste en ce que M. Goupil, donnant pour faux frais une quotité des bénéfices, et ces bénéfices étant eux-mêmes une quotité, non seulement de la valeur de la main-d'œuvre, mais encore du prix des matériaux, influe sur le montant des faux frais, dans le mode d'opérer de M. Goupil, et cela ne doit pas être.

« Le prix de la matière, objecte M. Morisot, est indifférent dans l'évaluation des faux frais, car si je faisais un mur d'or, les faux frais du maçon n'en seraient pas pour cela plus considérables. »

Mais M. Morisot ne savait donc pas qu'en prenant pour bénéfice un sixième du tout, il prenait aussi le $\frac{1}{6}$ de la valeur de son mur d'or; sa fortune eut bien tôt été immense, à moins qu'on ne l'eût payé de ses avances et sans intérêts, qu'au bout de 31 mois. Si un tel mur remplaçait celui de la Chine, ce serait pour l'entrepreneur, un joli cube d'or de bénéfice, un joli dé à jouer, que le sixième de 450 lieues sur 25 pieds de haut ; et quand son mur aurait un peu moins d'épaisseur que la muraille chinoise, il y gagnerait plus je gage, qu'à faire un mur en pisé.

Je laisse aux toiseurs, architectes, vérificateurs, le soin de faire ce compte, et de s'inscrire, en hypothèque, sur l'ouvrage. En attendant, donnons un exemple moins gigantesque ; quittons l'hypothèse pour rentrer dans les bornes du possible.

D'abord voici ce que M. Morisot entend par le sixième de bénéfice, *Introduction*, *page 222*.

L'article bénéfice n'a pas pour objet, comme celui des faux frais, le remboursement d'une dépense ; il a pour objet d'accorder à l'entrepreneur le profit qui lui est dû, tant pour l'intérêt de toutes ses avances en matières, *main-d'œuvre et faux frais que pour son industrie* ; et ici la valeur de la matière doit influer, parce que le profit doit augmenter avec la dépense que l'entrepreneur a faite.

Mais presque toujours les travaux qui réclament le plus d'industrie sont ceux pour lesquels les fournitures sont le moins considérables.

Supposons que deux entrepreneurs employant le même nombre d'ouvriers au même prix, ou ce qui est la même chose, à l'égard des faux frais, d'après M. Morisot, dépensent chaque jour la même somme en main-d'œuvre, chacun gagnera pour se couvrir de ses avances, outils, location, etc., un sixième de la main-d'œuvre.

Mais celui qui fournit le plus de matériaux, quoique inférieur en talens, prélèvera un sixième pour bénéfice et industrie ; si le second, au contraire, en a fourni pour moitié moins, il gagnera moitié moins, quoique employant de plus grands moyens naturels ou acquis, qui lui ont souvent absorbé un plus grand fonds d'éducation.

Nous ne voyons pas que cela soit très juste, et cependant c'est ce que M. Morisot a décidé, comme on le voit par l'article *Bénéfice* ci-dessus, qu'il nous a donné pour la conception la plus parfaite.

Si l'on nous objectait que le premier a fait de plus fortes avances, nous répondrions que ses avances ne valent que six pour cent par an, et non 16 fr. 66 c. pour cent, et que même si on lui a donné de forts à-comptes, il ne doit compter ses intérêts que pour ce qui lui reste dû.

Supposons encore deux menuisiers concourant en même temps à la confection d'un bâtiment, dont on veut hâter les travaux ; qu'au premier on ait donné la grosse menuiserie, telle que portes pleines, cloisons, tablettes, entretoises, huisseries, planchers, etc. ; au second, jugé plus capable, la décoration. Suivant le mode de M. Morisot, l'homme sans capacité, la bête de somme, la bête à bois, s'enrichira, parce qu'il fournira beaucoup de matériaux, sur lesquels il prélèvera le sixième de bénéfice, tandis que l'artiste ingénieux, l'homme studieux qui aura blanchi avant l'âge, pour s'être inculqué dans la tête l'art du trait, l'architecture, le trait, etc., mourra de faim sur ses vieux ans, parce qu'il aura fourni peu de matériaux pour ces ouvrages élégans.

N'avançons rien sans le prouver ; prenons pour exemple que le premier, et celui qui fournit plus de matériaux, fasse une cloison de cave, n° 206, de la comptabilité de M. Morisot.

Le second, une croisée n° 394. (Nous ne parlons ici que de la fourniture.)

Le premier fournira, pour une toise, 18 fr. 5o c. de bois.

Le second, pour sa croisée, 5 fr. 66 c. de bois.

La fourniture de 18 fr. 20 c. sera mise en œuvre en 5 heures 45 minutes, ou en 345 minutes ; celle de 5 fr. 66 c., le sera en 17 heures 5o minutes, ou en 105o minutes.

Le premier obtiendra de bénéfice pour 345 minutes, le sixième de 18 fr. 20 c., qui est de 3 fr. 3 c.

Le second, pour 105o minutes, le sixième de 5 fr. 66 c., qui est o,92 c.

Le premier gagnera donc 6 fr. par jour sur un homme, ou 18oo fr. par an, ou 18ooo f. sur dix ouvriers.

Le second, au contraire, ne gagnera que o,63 c. sur un homme, ou 189 fr. 36 c. par an, ou 1893 f. 6o c. sur dix ouvriers ; et, comme on l'a vu plus haut, c'est sur ce bénéfice, d'après M. Morisot, que le maître doit prélever son salaire, payer son correct, entretenir sa famille, etc.

Entrepreneurs, grands et petits, méditez et calculez sans cesse !

Nous n'en finirions pas s'il nous fallait analyser tout ce qui nous paraît louche dans le mode d'appréciation de M. Morisot ; nous aurions besoin, comme lui, d'une introduction de 256 pages méthodiquement arrangées, où nous terminerions emphatiquement, en nous servant d'un passage de son introduction, page 256. Voici le texte :

« Ainsi, soit volontairement ou forcément, il en
« faut revenir à ma méthode ; que dis-je d'ailleurs,
« ma méthode, elle n'est point à moi ; je l'ai décou-
« verte, je l'ai indiquée, mais c'est à la nature qu'elle

« appartient ; j'ai dit qu'on devait faire ainsi , parce
« que l'expérience m'avait prouvé qu'on ne pouvait
« faire autrement. » Il était de bonne foi, M. Morisot,
il croyait en lui.

Le système de M. Morisot à l'égard des bénéfices,
pourrait-il mieux convenir à un menuisier en meubles , ou à un ébéniste qui occuperait quatre à cinq
ouvriers médiocres, après lesquels il faudrait qu'il
perdît tout son temps ; aurait-il assez de 3 fr. par jour,
obtenus sur la main-d'œuvre , pour le couvrir de ses
faux frais ; pour payer , enfin , les frais d'intérêts , des
fonds placés dans des bois et placages de toutes sortes
de qualités, qu'il est contraint de conserver et loger
à couvert, jusqu'à parfaite dessiccation , avant de les
employer, pour couvrir l'intérêt des fonds placés
dans les meubles qu'ils gardent en magasin , dans les
outils, dans son éducation , etc.

Il n'est pas non plus possible d'assigner le temps
qu'exige la main-d'œuvre de tel ou tel meuble ; par
exemple, *Doucino* a passé 202 heures après une cou-
chette en noyer , du genre de celle n° 7, représentée
sur la pl. 4, tandis que *Boisrude*, pour un ouvrage
semblable en tout, n'a passé que 105 heures , et l'a
mieux traité.

De même l'*Animé* a passé 181 heures pour une com
mode en noyer, conforme au plan pl. 3, et *Boisrude*
108 heures.

ART. 28. *Sommes portées en demande sur le Mémoire.*
(*Voir* art. et note 7 et 31.)

ART. 29. *Réductions des Mémoires.*

Il est bien difficile de rédiger un mémoire que la
pratique ne trouve trop élevé, et un seul petit objet

trouvé trop cher, semble lui donner des droits pour faire subir à l'entrepreneur de fortes réductions sur la totalité du mémoire, lors même que d'autres articles ne seraient pas portés à leur valeur; de plus, il paraîtrait, comme on va le voir ci-dessous, que c'est un usage reçu maintenant, de diminuer les mémoires au moins d'un cinquième. Or, si l'entrepreneur établissait son mémoire d'après les tableaux de Morisot, quand même le bénéfice 'd'un sixième serait net et réel, il perdrait le trentième du total de son entreprise, sans y comprendre l'intérêt des fonds roulans.

Voici, à ce sujet, un passage puisé dans le *Dictionnaire Technologique*, ou *nouveau Dictionnaire des Arts et Métiers*, rédigé par une société de Savans et d'Artistes, édition de 1828, au mot *Mémoire*, 2e paragraphe :

« Comme les dépenses doivent être vérifiées et ré-
« glées, il est indispensable que chaque article soit
« convenablement détaché; il est reçu assez généra-
« lement qu'à moins que le prix du travail ne soit
« convenu d'avance, les mémoires sont susceptibles
« d'être réduits d'un cinquième; aussi les entrepre-
« neurs font-ils monter leurs mémoires de manière
« que, déduction faite de ce cinquième, qu'ils savent
« qu'on retranchera, le reste soit exagéré en leur
« faveur. Ainsi, dans les réglemens des mémoires, il
« ne faut pas s'arrêter à cette condition d'un cinquième
« en excès.

« Voici, continuent-ils, ce qu'un honnête entrepre-
« neur doit faire dans la composition de ses mémoires :
« il évalue chaque objet de dépense à sa plus forte
« valeur; savoir, le salaire des hommes de journée,
« les matériaux fournis, le charrois, etc. ; il y ajoute
« un dixième de la somme, pour ses bénéfices et l'em-
« ploi de ses équipages, en faisant en détail un calcul

« semblable pour chaque objet de dépense, et le por-
« tant en compte ; de cette manière il ne demandera
« que ce qui lui est équitablement dû, et sera certain
« de ne se voir sujet à aucune réduction ; il évitera
« donc de se trouver confondu avec des hommes dont
« les prétentions et l'avidité sont ordinairement con-
« nues d'avance, poursuivis par une réputation qui les
« déshonore, sans réussir à les amener au but qu'ils
« se proposent. »

On voit, par ce passage, qui paraît ne convenir qu'à un entrepreneur de maçonnerie, que le bénéfice y est fixé au dixième de la somme totale, et que de ce bénéfice il faut encore extraire les frais d'équipage, d'outils, les frais de direction des travaux, des écritures, etc. Le bénéfice ne sera donc plus d'un dixième net. Voir (*Bénéfice légitime*, fin de l'art. 32.)

Les rédacteurs de ce Dictionnaire auraient bien fait d'expliquer s'ils comprenaient dans ces articles toutes les sortes d'entreprises, ou toutes les professions en bâtiment ; car pour ce qui concerne la menuiserie, il n'est pas possible, avec un dixième, de remplir seulement les frais de toutes natures, de même qu'on ne peut présenter un mémoire détaillé, comme nos sous-détails, et c'est cependant ce qu'ils semblent conseiller.

M. Morisot dit aussi, page 234 de son introduction :
« Quand et pourquoi fait-on un détail ?

« On le fait pour justifier la légitimité du prix de-
« mandé pour une construction.

« Pour la justifier, l'entrepreneur doit nécessaire-
« rement exposer et évaluer chacune des parties qui
« composent l'ensemble du travail exécuté.

« S'il en cumule plusieurs dans un même article, et
« que l'on ne soit point d'accord sur le prix total des
« objets qu'il a réunis, on lui en demande la division

« avec les prix de chacun, et, par la force des choses,
« il est amené à présenter et évaluer séparément,
« chaque espèce de matière fournie et chaque partie
« de la main-d'œuvre ayant une base particulière d'é-
« valuation.

« Le plus souvent un entrepreneur, qui ne veut
« rien demander que de juste, présente lui-même
« des détails de cette nature, et il lui est d'autant
« plus facile de le faire que, lui-même, n'a pu se
« rendre raison de ce qui lui était dû, qu'en estimant
« ainsi séparément chacune des parties de son travail.»

Nous sommes ici de l'avis de M. Morisot.

Quelques personnes ont l'adresse de ne pas réduire
les mémoires, mais de devoir le plus long-temps possible ; et, lorsque l'entrepreneur est forcé de leur demander à régler, elles font en sorte encore de payer
en billet à longue échéance, que l'entrepreneur est
souvent contraint d'escompter à ses frais.

Dans beaucoup d'endroits, cela s'appelle bien
payer (Voir art. et note 25). Quand les pratiques,
soit par mauvais conseils, par défaut de confiance,
ou par avarice mal comprise, veulent faire des réductions exorbitantes à l'entrepreneur, qui n'a pas
eu la sage précaution de faire des devis bien détaillés,
et des conventions signées double, il est contraint de
se jeter dans la voie de l'expertise pour obtenir une
justice lente et toujours très désagréable pour lui.

Cet important article de l'expertise ne peut être
traité suffisamment ici ; nous allons seulement rapporter le sommaire des articles que l'on trouve très
bien développés dans le Nouveau Desgodets, ou Lois
des Bâtimens, tome second, depuis la page 253 jusqu'à la fin du volume. C'est là qu'on trouve tous les
modèles d'actes relatifs aux sujets, et la manière de
gérer dans ces circonstances désagréables.

1° Le rapport des experts. 2° leur nomination. 5°
Jugement qui ordonne un rapport d'expert. 4° La
déclaration au greffe pour convenir d'experts. 5° La
récusation des experts. 6° Les causes de récusation. 7°
Quand et comment se propose la récusation. 8° L'acte
de récusation. 9° La réponse à un acte de récusation.
10° Le jugement de la récusation. 11° Le jugement
qui rejette la récusation. 12° Du jugement qui rejette
la récusation, et accorde des dommages-intérêts à
l'expert. 13° Le jugement qui admet la récusation. 14°
Le serment des experts. 15° La requète au juge-com-
missaire. 16° L'ordonnance. 17° L'assignation aux
experts. 18° La cédule du juge de paix. 19° Le procès-
verbal de prestation de serment. 20° L'opération des
experts. 21° La sommation d'être présens à l'opération des experts. 22° La rédaction du rapport. 23° Le
modèle d'un rapport d'expert. 24° Où et comment le
rapport est déposé. 25° L'acte de dépôt du rapport
des experts. 26° La taxe des experts. 27° Le jugement
rendu sur rapport d'experts. 28° Le jugement qui entérine le rapport, et condamne le défendeur. 29° Le
jugement qui entérine le rapport, et déboute le demandeur. 30° Le jugement qui rejette le rappport, et
condamne le demandeur. 31° Le jugement qui rejette le rapport et en ordonner un nouveau.

On trouve aussi ces lois, mais moins détaillées,
dans le Code de procédure civile, depuis l'art. 302
jusqu'à l'art. 523, puis dans le Manuel d'architecture,
page 442.

Cette longue nomenclature fait voir à ceux qui
n'ont pas passé encore par l'étamine de la justice, à
combien de formalités entraînent les procès, et com
bien il est avantageux de connaître, d'avance, ce que
vaut l'ouvrage que l'on doit entreprendre, afin de

faire ses conventions d'après des devis convenablement détaillés.

Avant de terminer cette note, nous allons rapporter ce que dit à ce sujet M. Potain, page 202, sur les
connaissances nécessaires à des experts, pour régler
les ouvrages.

Pour régler les mémoires, il faut, non seulement,
une connaissance des plus parfaites de l'art, dont on
entreprend d'apprécier les ouvrages, mais il faut
aussi, lorsque l'on veut le faire avec équité, y appor-
ter toute l'attention possible, comme à l'une des plus
sérieuses et des plus importantes actions de la vie,
un architecte ou juré-expert étant à cet égard un juge
dans son tribunal, de qui dépend le sort des familles;
en sorte que pour ne point agir contre sa conscience,
l'on ne doit pas s'en charger, sans toutes les qualités
requises, et les ayant, l'on doit tenir la balance si
égale, qu'elle ne penche d'un côté ni d'autre. Pour
en venir à bout, l'on conviendra que la voie la plus
sûre, est de bien détailler les ouvrages que l'on veut
régler, et pour le faire avec exactitude, il ne faut ni
en omettre la moindre chose, ni la surcharger dans
le prix des matières qui entrent dans sa construction.

M. Morisot, page 252 de son introduction dit : En
résultat, on peut dire que le toiseur ni l'architecte
ne peuvent, sans inconvénient, se mêler de réglemens de mémoire.

Le toiseur, d'abord, n'a ni ne peut avoir les connaissances qu'exige l'évaluation du prix des travaux.

Et, page 42, dit qu'un de ces hommes que l'on peut
appeler machine à toiser, et qui serait chargé du réglement d'un mémoire, se regarde comme enchaîné
par des abus et n'ose s'élever contre eux; on le con-
çoit. et son défaut de moyen pour les combattre est
son excuse;

Et, page 254, dit aussi que quelques architectes, sans goût pour leur noble profession et dans la vue cupide de gagner de l'argent, se chargent de tout, pourvu qu'on les paie. Ils se chargent donc de réglemens de mémoires, quoique jamais ils n'aient eu une toise à la main et que jamais ils ne se soient inquiétés de connaître les élémens des prix des travaux; ils se chargent de réglemens de mémoires, et se trouveraient dans le plus étrange embarras si on leur présentait à régler un toisé qui ne porterait point de prix en demande; et toute leur science, si des prix y étaient portés, serait de recourir à la méthode d'une réduction proportionnelle à l'encre rouge, réduction illusoire, parce que les toiseurs, qui savent à qui ils ont affaire, établissent les prix de demande en proportion de la réduction qu'ils doivent subir, etc. Il dit aussi les toiseurs, les hommes des entrepreneurs, page 248.

Il dit encore, page 248, personne ne le croira, et il est de fait qu'il n'existe pas un architecte dans Paris, *faisant la profession d'architecte*, à qui il soit jamais venu dans la pensée de prendre seulement la première leçon du toisé du bâtiment.

Il est démontré, dans l'instruction de M. Morisot, qu'il faut d'immenses connaissances pour être capable de faire justice, sur les travaux que l'on n'a pas exécutés soi-même, ou que l'on n'a pas suivis, dans tous les détails, en tenant des notes exactes de tout.

M. Morisot ne disconvient pas, non plus, de la variabilité constante de tout ce qui constitue la valeur des travaux; et fait l'important aveu, que la plupart de ceux qui sont chargés de régler les intérêts réciproques, de l'entrepreneur et des particuliers qui font travailler, ont rarement cette connaissance exquise que réclame la justice et l'humanité.

Nous serait-il permis d'émettre ici le vœu de voir
établir dans tous les pays, où faire se pourrait, une
commission des plus notables ouvriers, chez qui la
morale ne céderait en rien aux lumières, et auxquels
une longue expérience, aidée des meilleurs ouvrages
littéraires traitant sur leur art, imprimerait à leurs
décisions le cachet de l'équité.

Là, chaque intéressé pourrait promptement, et à
peu de frais, y défendre sa cause; là, chaque discus-
sion ferait jaillir de nouvelles étincelles, qui se
transformeraient en flambeaux lumineux propres à
éclairer d'un pur éclat, l'édifice, le jour des débats.

Avant de terminer cette note, donnons quelques
articles du Code civil sur les droits qu'ont les ouvriers en bâtimens, de se faire payer en cas de dé-
confiture ou de décès du particulier qui les aura
occupés.

DISPOSITIONS GENERALES DES PRIVILÉGES ET HYPOTHÈQUES.

Code civil. — Art. 2092. Quiconque s'est obligé
personnellement, est tenu de remplir son engage-
ment sur tous ses biens mobiliers et immobiliers
présens et à venir.

2093. Les biens du débiteur sont un gage com-
mun de ses créanciers, et le prix s'en distribue entre
eux par contribution, à moins qu'il n'y ait entre les
créanciers des causes légitimes de préférence.

2094. Les clauses légitimes de préférence sont les
priviléges et hypothèques.

CHAPITRE II.

2095. Le privilége est un droit que la qualité de

la créance donne à un créancier d'être préféré aux autres créanciers, mêmes hypothécaires.

2096. Entre les créanciers privilégiés, la préférence se règle par les différentes qualités de priviléges.

2097. Les créanciers privilégiés qui sont dans le même rang, sont payés par concurrence. (Voyez le Code civil jusqu'à l'art. 2103.)

Paragraphe 4 de l'art. 2103. Les architectes, entrepreneurs, maçons et autres ouvriers employés pour édifier, reconstruire ou réparer des bâtimens, canaux, ou autres ouvrages quelconques, pourvu néanmoins que, par un expert nommé d'office par le tribunal de première instance, dans le ressort duquel les bâtimens sont situés, il ait été dressé préalablement un procès-verbal, à l'effet de constater l'état des lieux relativement aux ouvrages que le propriétaire déclarera avoir dessin de faire, et qu'ils aient été, dans les six mois au plus de leur perfection, reçus par un expert également nommé d'office.

Mais le montant du privilége ne peut excéder les valeurs constatées par le second procès-verbal, et il se réduit à la plus-value existante à l'époque de l'aliénation de l'immeuble, et résultant des travaux qui y ont été faits.

2110. Les architectes, entrepreneurs, maçons et autres ouvriers employés pour édifier, reconstruire ou réparer des bâtimens, canaux ou autres ouvrages, et ceux qui ont, pour les payer et rembourser, prêté les deniers dont l'emploi a été constaté, conservent par la double inscription faite, 1° du procès-verbal qui constate l'état des lieux; 2° du procès-verbal de réception, leur privilége à la date de l'inscription du premier procès-verbal.

2112. Les cessionnaires de ces diverses créanceprivilégiées exercent tous les mêmes droits que les cédans, en leur lieu et place.

2270. Après dix ans, l'architecte et les entrepreneurs sont déchargés de la garantie des gros ouvrages qu'ils ont faits ou dirigés.

Emploi du Journal des travaux et des Comptes courans. (Voir ci-après l'Instruction sur les titres des colonnes du Journal des travaux.)

On a vu à l'instruction, page 4, la manière d'inscrire les travaux à mesure qu'on reçoit une commande. Nous allons donner ici la manière de reporter aux comptes particuliers des pratiques, chaque ouvrage, sans qu'il soit possible d'en jamais oublier aucun.

Pour arriver promptement à ce but, lorsqu'on est pressé d'établir des mémoires, on dépouillera les numéros d'ordre seulement du journal des travaux, que l'on portera en marge des comptes courans des pratiques; c'est-à-dire que le n° 1 sera porté en marge au haut de la feuille du compte courant de M. Richard (*voir* le modèle ci-après des comptes courans), et aussitôt on fera un signe quelconque près du numéro d'ordre du journal, une croix +, par exemple, qui indiquera que l'article entier ou le numéro d'ordre seulement, a été porté au compte courant de celui pour qui l'ouvrage a été fait.

On procédera de la même manière pour tous les autres articles portés sur le journal des travaux; le n° 2 sera porté sur le folio du compte de magasin. Après l'avoir porté, on fera comme au n° 1, une croix près du n° 2, et ainsi des autres.

Il est facile de prévoir que si l'on était distrait de cette occupation, qu'il suffira lorsqu'on s'y remettra, de recommencer par l'article qui suit immédiatement la dernière croix.

Les numéros d'ordre étant transportés aux comptes courans auxquels ils appartiennent, on pourra établir, sans craindre de ne rien oublier, les mémoires de telle pratique que l'on voudra.

Alors on se reportera à l'article détaillé du journal des travaux, que l'on copiera littéralement, si les détails y sont bien portés, ou autrement, on rédigera de nouveau l'article au compte courant, afin d'avoir toujours exactement la minute du compte que l'on a donné, sous forme de mémoire.

Les détails des toisés peuvent se faire sur une main de papier folioté et qui ne sert qu'au toisé, afin de ne pas salir les registres par des opérations mathématiques.

Il suffit, dans ce cas, pour retrouver les détails et les opérations, de porter au compte courant le chiffre du folio de cette main courante des toisés.

On peut encore, pour plus de clarté, renfermer dans une figure sinueuse et fermée, toutes les opérations qui dépendent d'un même ouvrage, puis mettre dans cette figure, et en plus gros chiffres que ceux des calculs, le numéro d'ordre de l'ouvrage.

Notre but principal étant d'épargner le temps à ceux qui se serviront de notre méthode, et nous étant aperçus que l'ordre ne souffrirait pas de l'abréviation des comptes courans, nous conseillons de ne porter sur ce registre que la date de la livraison de l'ouvrage, l'indication abrégée de l'objet, et le numéro d'ordre pour en faire retrouver au besoin les détails et le prix, ainsi que le chiffre indicateur de la main des toisés dont nous venons de parler; le tout comme dans l'exemple suivant.

MODELE DES COMPTES COURANS
DES PARTICULIERS.

FOLIO 27.			DÉPOUILLEMENT DES Nos D'ORDRE 1,2,3,4,5,6.							
DATE de la confection de L'OUVRAGE.			**COMPTE COURANT** de **M. RICHARD.**	FOLIO DE LA MAIN des toises.	NUMÉRO d'ordre.	**DOIT** par MÉMOIRE.		**SOMMES** OBTENUES.		**AVOIR.**
1853	Mars.	14	Pour 4 croisées contenant ensemble 81 pieds superficiels.	7	1	81	00	75	60	
»	Avril.	20	Pour 5 toises, 34 pieds, 4 ponces pieds de lambris à 15 fr. l'une.	7	3	177	90	175	00	
»	»	»	28 pieds de cimaise de 3 pouces à 46 centimes l'un.	8	4	12	88	12	60	
»	»	»	31 " " 2 pouces, 6 lignes à 11 centimes l'un.	8	4	12	71	12	40	
»	»	»	61 " plinte à 57 centimes l'un.	9	5	22	57	21	35	
»	»	»	61 " d'astragale à 15 centimes l'un.	9	6	9	15	9	15	
			Total du mémoire daté du 25 octobre 1839.	. .	. .	319	21			
»	Mai.	8	Reçu à-compte cent cinquante francs.	. .	. .					150	00
			Total de la somme obtenue.	. .	. .			506	10	
»	Nov^e.	28	Reçu pour solde.	. .	. .					156	10
										506	10

Il faut à la fin du registre des comptes courans, un répertoire par ordre alphabétique, pour retrouver le folio du compte dont on a besoin. Par ce moyen, si l'on veut connaître long-temps après l'ouvrage fourni, ce qu'a coûté, par exemple, le lambris fait en avril 1835, pour compte de M. Richard, je cherche ce nom à la lettre R du répertoire, et je vois que ce compte est détaillé au folio 27; je m'y reporte, ainsi qu'au numéro d'ordre 5 du journal des travaux, indiqué dans la 2ᵉ colonne du compte courant, je trouve à cet article tous les détails du genre de l'ouvrage, la mémoire aussitôt se rafraîchit, et me montre l'objet présent comme si j'avais été visiter ces travaux sur les lieux.

Si je présume que le prix de main-d'œuvre ou de matière est changé, celui des frais, etc., le journal des travaux m'indique encore le folio du registre des sous-détails, où je pourrai comparer le passé au présent, etc., etc., etc. L'art de tout dire est l'art d'ennuyer.; telle n'est pas notre intention, et un gros volume ne suffirait pas aux détails de tous les cas qui pourront se présenter; mais un peu de réflexion peut aisément faire surmonter le reste des petites difficultés que pourrait encore rencontrer celui qui n'a jamais entendu parler de tenue des livres.

Quelques mots sur la Réglure et les Entêtes des colonnes des comptes courans.

Le folio placé à gauche et au haut du modèle des comptes courans, sert à trouver, par le moyen du répertoire qui est à la fin de ce registre, le compte de la pratique. Nous n'avons pas fait de colonnes au journal des travaux pour le recevoir, parce que le nom seul de la pratique suffit, pour retrouver le compte d'une manière aussi abrégée. Nous avons choisi le haut de la feuille ou r porter les numéros d'ordre lors du dépouillement du journal des travaux, parce que cette place nous a paru plus commode, comme étant toujours en vue de l'écrivain, lorsqu'il passe écriture des articles du journal au compte courant.

Nous n'avons pas indiqué le domicile de la pratique, parce qu'elle est toujours supposée résider dans le même lieu que l'entrepreneur; dans le cas contraire, on peut se contenter de l'indiquer sur le répertoire où est classé son nom.

Nous avons fait aussi une colonne de ce que doit la pratique lorsqu'on établit ses comptes; les sommes portées dans cette colonne doivent être exactement semblables à celles du mémoire présenté, puis tout à côté, une autre colonne où seront portées les sommes accordées après mémoire réglé, pour connaître les réductions que l'on aura été contraint de subir.

Enfin, dans la dernière colonne sont portées toutes les sommes payées par la pratique; ces sommes composent son avoir, et c'est en additionnant les chiffres de la colonne des sommes obtenues et ceux de l'avoir, qu'on appréciera lequel des deux comptes redoit. Il est clair que si les sommes obtenues lors du réglement des mémoires excèdent les sommes payées, la pratique en redevra à l'entrepreneur l'excès ou la différence.

Dans le cas contraire, ce sera l'entrepreneur qui sera redevable à la pratique; mais lorsque les chiffres sont identiques ou les sommes semblables, on écrit pour solde sur la ligne de la dernière somme reçue ou payée.

Lorsque l'entrepreneur reçoit des a-comptes, il doit en donner un reçu ou quittance, soit sur le mémoire,

s'il est présenté, soit sur une feuille de papier indépendante. En voici quelques modèles.

QUITTANCE DE MÉMOIRE PAYÉ COMPTANT ET SANS
RETENUE.

*Je reconnais avoir reçu comptant le montant du
présent mémoire.*

Paris, le 15 mai 1835.   LADOUCI.

AUTRE QUITTANCE, SI LE PAIEMENT N'EST PAS ENTIER
(mais faite sur une feuille indépendante du mémoire).

Je reconnais avoir reçu la somme de cent cinquante
francs, *à compte sur ce que me doit* M. Richard, *négociant à Reims.*

Reims, le 8 mai 1833.   BOISSEC.

AUTRE EN CAS DE RÉDUCTION (mais faite sur le mémoire).

Réduit le présent mémoire à la somme de trois cent
six francs dix centimes, *et reçu pour solde dudit celle
de* cent cinquante-six francs dix centimes.

Reims, le 28 novembre 1833.   BOISSEC.

Dans la deuxième quittance, nous avons détaillé le
nom, la qualité et la demeure de celui à qui on
donne quittance, parce qu'étant sur un coupon de
papier indépendant du mémoire, cette quittance
pourrait malicieusement servir tour à tour à Pierre et

à Jean, qui auraient fait travailler dans le même temps, ou si le nom propre seulement était désigné, elle pourrait encore servir à un parent du même nom. Ces friponneries, sans doute sont rares, mais il suffit qu'elles soient possibles pour que nous les signalions ici.

Dans la deuxième quittance, nous avons mentionné la réduction et la somme reçue pour solde, afin 1° que le mémoire soit d'accord avec le compte courant; 2° pour éviter toute surprise qui pourrait encore survenir si l'on avait affaire à des gens de mauvaise foi qui objecteraient que, par inadvertance, ils ont payé en dernier la totalité du mémoire, quoiqu'ils avaient déjà donné un fort à-compte.

Par exemple, si *Boissec* en faisant sa dernière quittance eût mis seulement : « *Je reconnais avoir reçu comptant le montant du présent mémoire.* » M. Richard eut eu quelques droits apparens de l'attaquer en justice pour lui faire regorger la somme de 150 fr. avancée le huit mai sur les travaux en train, et il eût pu soutenir qu'il avait payé la somme entière portée sur le mémoire, sans se souvenir de l'à-compte versé en mai.

Il n'est pas prudent non plus de présenter des mémoires acquittés, et surtout de les laisser entre les mains de la pratique ou du débiteur, sans en avoir touché le montant, ou pris une reconnaissance de la somme due.

———

Instruction sur les titres des colonnes du Journal des travaux.

La date de la commande n'est dans la première colonne que pour l'ordre; elle a peu d'influence sur les autres registres ; l'année se met seulement en tête de chaque folio, et non à chaque article.

Le titre de la colonne de renvoi au registre des débits et des sous-détails montre qu'il faut poser, dans la colonne des débits, le chiffre indicateur du folio de ce registre sur lequel sont portés les détails. Voyez le modèle du débit des bois folioté 15.

Nota. Il existe ici une faute d'impression à l'art. 1er : après 8 février, il devait y avoir 15 au lieu de 10, puisque le débit est fo 15 du registre des débits.

Le modèle du registre des sous-détails est folioté 1 comme dans la colonne du journal des travaux.

Le modèle du journal de la main-d'œuvre est folioté 5, comme il est indiqué au journal des travaux, dans la première colonne, après la description de l'ouvrage.

Ainsi on voit que les croisées, numéro d'ordre 1, furent commandées le 8 février 1833, et confectionnées le 14 mars de la même année ; que le débit est sur le folio 15 du registre du débit des bois, et que tous les autres renseignemens nécessaires se trouvent au registre des sous-détails, folio 1.

Par cette disposition des registres, par cette centralisation et le nombre des renvois, on retrouverait, si l'on avait oublié de marquer la date de la commande, au moins celle de la confection, qui est plus utile au mémoire, soit par l'aide du nom de l'ouvrier, ou seulement par le secours du chiffre du folio de la main-d'œuvre.

De même encore, si l'on avait oublié d'inscrire au journal des travaux le folio du débit du bois, on le retrouverait au registre des sous-détails, art. 10. Ainsi, quel que soit le nombre de registres auxiliaires que l'on emploiera, on pourra toujours, par le moyen du numéro d'ordre, et des renvois d'un registre à l'autre, retrouver de suite tous les détails dépendans d'un ouvrage quelque considérable qu'il soit.

Enfin d'aider à mettre de l'ordre dans les plus petites choses qui, quelquefois, sont de grande importance; nous avons établi dans nos registres lithographiés, une colonne pour y inscrire le folio du carnet des mesures (1).

Le carnet ou petit livret des mesures doit être folioté; on peut se dispenser d'y établir sur les deux dernières feuilles un répertoire, parce qu'en même temps qu'on enregistre l'ouvrage sur le journal des travaux, on y porte aussi le folio du carnet des mesures, et, sur le carnet, on écrit le numéro d'ordre assigné à l'ouvrage. Ce numéro d'ordre porté sur le carnet annonce que l'article a été passé sur le registre du journal des travaux.

On pourra écrire sans lacune sur le carnet toutes les commandes à la suite les unes des autres; on trouvera de même les esquisses de plans, les mesures, etc. Mais pour éviter la confusion, on écrira sur le carnet le nom de la personne avec laquelle on est en affaire, ainsi que la date et le numéro d'ordre de l'ouvrage. De cette manière, on prévient les mauvais effets d'une mémoire fautive, et, le soir ou quand on le pourra, on consultera seulement les derniers feuillets écrits

---

(1) Nous avons donné de préférence le nom de Carnet au petit livret portatif sur lequel chaque ouvrier inscrit les diverses notes qu'il prend, et cela pour éviter les équivoques, parce que les noms d'Agenda, de Mémorial qui lui étaient plus propres, sont déjà mis en usage dans nos livres de caisse; le nom de Livret qui lui convenait aussi, eût pu être confondu avec celui que la loi exige des ouvriers.

du carnet, pour porter s'il est nécessaire, sur les registres, les détails inscrits au carnet.

Avantages particuliers qu'offre le Journal de la main-d'œuvre.

En tenant ce registre avec ordre, on peut toujours retrouver le temps passé à quelque ouvrage que ce soit, et par conséquent comparer au besoin l'habileté des ouvriers occupés à des ouvrages semblables, sauf à en apprécier la perfection.

Il peut servir, sous le même rapport, à fixer à sa juste valeur la journée d'un ouvrier entrant à l'atelier, lorsque le maître a pris la précaution de l'occuper de suite à un ouvrage bien connu de lui.

Ce registre peut seul faire baser le prix des façons, de telle sorte que le même ouvrier travaillant à ses pièces gagne toujours, à très peu de chose près, le même prix. Il suffit pour cela d'établir le prix des façons proportionnellement au temps qu'il y passe, ayant la précaution toutefois de l'occuper à l'ouvrage qui lui convient le mieux et suivant ses talens, comme nous l'avons remarqué à la note 26.

De cette manière, il n'y aurait plus ce qu'on appelle d'ouvrage ingrat, ni d'ouvrage avantageux ; l'ouvrier serait sûr de gagner sa vie, et, plus libre, il n'aurait pas à objecter, lorsqu'il néglige de perfectionner son travail, que l'ouvrage n'est pas assez payé ; le maître aussi serait plus tranquille par la conviction que les prix sont équitablement établis.

Description du Registre de l'Achat des bois.

Les variations dans les prix des bois, occasionées par les circonstances commerciales, par la différence des échantillons et des qualités, et par la variété des espèces, sont encore autant de causes qui influent sur l'augmentation ou la diminution de ces prix.

L'entrepreneur ou le fabricant qui veut se rendre compte, est donc obligé de mettre de l'ordre dans ces sortes d'achats, qui sont souvent si étendus et si variés, qu'après quelque temps d'établissement il ne pourrait plus se souvenir ni du coût d'achats, ni des frais attachés à chaque acquisition; et comment se rendra-t-il compte en détail, s'il ignore ce que lui a coûté en gros cette marchandise.

Instruction sur les titres des colonnes de ce registre.

La première colonne est pour recevoir le numéro de série d'acquisition ce numéro facilite les recherches lorsqu'il est porté au registre du débit et au compte du marchand. On connaîtra ci-après les autres avantages que procure ce numéro.

L'époque de la réception fait connaître à l'entrepreneur l'âge du bois et les frais d'argent placé dans cette acquisition; puis, dans le cas qu'il aurait souscrit des obligations au marchand, il pourra écrire dans cette colonne l'époque du paiement : elle lui tiendra lieu de carnet d'échéance.

Les autres colonnes, jusqu'aux faux frais proportionnels, sont faciles à comprendre : on voit sur la première ligne, que j'ai acheté 5o doublettes de 1o pieds

3 lignes d'épaisseur, ou 500 pieds de chêne de cette
dimension, ou 83 toises 2 pieds, à raison de 200 fr. le
cent de toises, ou à 2 fr. la toise (1). Or, en multipliant
83 toises 2 pieds par 2 fr., j'obtiendrai 166 fr. 67 c..
que je porterai en addition dans la colonne du compte
du marchand.

Nota. Il y a dans le tableau, à cet article, une erreur de
2 pieds, qui a nécessairement changé la somme partielle due au
marchand, ainsi que la précision des autres chiffres de toute la
ligne. Nous n'avons pu la rectifier, les tableaux ayant été imprimés avant le texte; mais heureusement que cette erreur, et d'autres semblables qui peuvent s'y trouver, ne changent aucunement
la manière d'opérer.

Lorsqu'on aura écrit en détail tous les bois achetés,
et déterminé la somme due au marchand pour cette
acquisition, on se rendra compte du total des faux frais
de transport, d'entrée de ville, de remisage et d'empilage. (*Voir* le tableau modèle de l'achat des bois.)
Cette somme totale doit donc être répartie proportionnellement sur le prix de chaque acquisition partielle, et en augmenter proportionnellement les
sommes.

Voici l'opération à faire dans tous les cas semblables ou analogues : ayant trouvé 100 fr. de faux frais,
sur une acquisition de 743 fr. au lieu de 742 fr. 95 c.,
car on peut ici négliger 5 cent., je dis : 743 fr. sont à
100 fr. de frais, comme 166 fr. 67 c. sont aux frais
cherchés.

$$\text{ou } 743 : 100 :: 166 \text{ fr. } 67 \text{ c.} : X.$$

Alors il faut multiplier les termes moyens 100 et

---

(1) Le prix de la toise étant toujours d'autant de centimes que
le cent de toises a coûté de francs.

166,67 l'un par l'autre, et en diviser le produit par l'extrême connu 743. Mais pour multiplier un nombre par cent, il ne faut qu'ajouter deux zéros à ce nombre. Or ce sera 166,6700 à diviser par 743.

OPÉRATION.

$$\begin{array}{r|l} 166\ 6700 & 743 \\ \cline{2-2} 18\ 07 & 22\ \text{fr.}\ 43_2 \\ 3\ 210 & \\ 2380 & \\ 1510 & \\ 24 & \end{array}$$

J'ai donc obtenu 22 fr. 43 c. pour les frais proportionnels de 83 toises 2 pieds, du 1er article. Le reste s'obtient de la même maniere.

Quand on voudra retrouver sans différence sensible la somme totale des frais, il faudra augmenter d'un le dernier centime, lorsque le chiffre des millimes excédera 5.

Il ne suffit pas de se rendre compte des frais de chaque acquisition, il faut encore connaître combien il pèse de ces frais sur un cent de toises, afin de déterminer le coût du cent de toises, celui de la toise et du pied. Dans ce cas, on fera une règle de trois analogue à l'opération ci-dessus; et en négligeant les pieds (1) au 1er terme et diminuant quelques centimes

---

(1) Cependant si l'on veut opérer rigoureusement, on pourra transformer les deux pieds en $\frac{1}{3}$ de toise, puis en $\frac{33}{100}$ de toise; on aura 83 toises, 33 : 2243 :: 100 X.

$$\begin{array}{r|l} \text{ou}\quad 22\ 4300 & 8333 \\ \cline{2-2} 5\ 7640 & 26\ \text{fr.}\ 91 \\ 76420 & \\ 14230 & \\ 5897 & \end{array}$$

au 2ᵉ terme, on dira : si 83 toises ont coûté 22 fr. 40 c.
de frais, combien en coûteront 100 toises ?

ou   83 T. : 22 fr. 40 c. :: 100 T. : X.

OPÉRATION.

224000	83
580	26,987
820	
730	
660	
79	

Ce sera 26 fr. 99 c. (1) ou 27 fr. à ajouter au prix
d'achat, ou 227 fr. que coûtera le cent de toises, sans
l'intérêt, qui pourra se compter à un demi-centime de
franc par mois ou 6 pour cent par an. *Voir* art. et note
24 des sous-détails.

Ainsi, au bout de six mois ce bois vaudra 3 c. de
plus par franc, ou 6 fr. 81 c. de plus ; enfin, 233 fr. 81 c.
les cent toises, 2 fr. 34 c. la toise, et 39 c. le pied,
sixième de la valeur de la toise.

L'intérêt total des fonds placés dans les bois d'un
mémoire d'un ébéniste, d'un entrepreneur, etc., ne
peut être calculé exactement que le jour qu'il emploie
ce bois ; voici pourquoi :

Par exemple, j'ai, le 15 août 1829, acheté 83 toises
2 pieds de doublettes, classées sous le n° 1 de l'achat
des bois : j'en employai en différens temps, et après
dix-huit mois écoulés depuis l'époque de la réception
de ce bois, 33 toises, il ne m'en restait plus alors que

---

(1) Sur le tableau, on trouve 27 fr. 30 c. Nous en avons déduit
la cause au nota ci-dessus.

5o toises 2 pieds ; je ne pus donc pas compter l'intérêt sur la totalité, puisque plus d'un tiers était employé, et en partie payé soit aussitôt la confection de l'ouvrage, ou quelque temps après.

Mais, comme on peut le voir à la note 25 de l'intérêt des fonds roulans, nous ne comptons l'intérêt des bois que jusqu'au temps de leur mise en œuvre, parce qu'alors, en changeant de forme, ils changent aussi de prix, et l'intérêt de leur nouvelle valeur est confondu avec celui des faux frais généraux et des avances faites en main-d'œuvre.

Si le menuisier vendait en gros le bois comme il l'achète, il pourrait facilement faire le compte de l'intérêt de ce bois; mais ici il ne s'agit principalement que du détail.

Voici, dans tous les cas, comment on pourrait s'y prendre pour calculer ces intérêts.

Près de chaque pile de planches du même prix, reçues le même jour et provenant du même marchand, on placera le n° de série, correspondant à celui du registre de l'achat des bois (1) ; alors chaque fois que l'on voudra se rendre compte, on fera l'inventaire de la quantité de ces bois non employés, on en cherchera la valeur portée au prix coûtant sur le registre de l'achat des bois; puis on multipliera la somme trouvée par un demi-centime ou 0,005 millimes par mois; on obtiendra, par ce moyen facile, le prix coûtant du bois, le jour de sa mise en œuvre, et lorsqu'on le voudra.

Ainsi, dans la supposition ci-dessus, 5o toises de doublettes restantes valent, d'après le prix d'achat,

---

(1) Ce numéro doit être fait d'une manière lisible sur un bout de volige, de bois blanc, que l'on clouera légèrement à l'endroit le plus convenable.

113 fr. 65 c., somme qu'il m'a fallu multiplier par 9 c. pour obtenir l'intérêt de dix-huit mois.

OPÉRATION.

113,65

0,09

———————

10,22 85

Ayant retranché au produit autant de chiffres qu'il y a de décimales aux deux facteurs, j'ai obtenu 10 f. 23 c. d'intérêt pour 50 toises, ou 20 fr. 46 c. par 100 toises : enfin, 20 c. 4 millim. par toise. Enfin, dans la dernière colonne, on écrit en titre : *Dépense totale de l'achat et des frais;* on y portera la somme totale de l'acquisition. C'est en additionnant cette colonne qu'on connaîtra le montant total de l'achat de tous les bois.

Chaque année on arrêtera ce compte, pour éviter les erreurs qui pourraient se glisser sur ce registre, par la transposition d'un grand nombre de chiffres d'un feuillet à l'autre.

Manière de se servir du Registre du débit des bois.

Ce registre est très avantageux pour se rendre sévèrement compte de la quantité de bois nécessaire à un ouvrage. On peut aussi d'avance faire exactement l'estimation de cette fourniture, par le moyen du plan de l'ouvrage. Nous comptons chaque morceau à débiter à la largeur et l'épaisseur qu'ils doivent avoir, étant mis en œuvre; en voici la raison :

Lorsqu'après un laps de temps plus ou moins grand, survient un ouvrage à effectuer semblable à celui qu'on a déjà fait; il arrive souvent que les plans d'exécution sont effacés, et si l'on ne les a pas conservés en petit, on est alors obligé de les recomposer de nouveau. Cette opération, comme chacun le sait, fait perdre en recherches beaucoup de temps, selon l'importance de l'ouvrage et de certaines difficultés qui se présentent dans la composition des plans.

Mais si l'on a conservé le débit de toutes les pièces écrites exactement suivant les dimensions de l'ouvrage achevé, enfin comme le plan d'exécution, on peut aussitôt se mettre à débiter et recomposer ce plan, s'il est nécessaire.

On voit donc qu'il faut débiter chaque pièce plus large et plus épaisse, de ce qui est nécessaire pour le passage de la scie et pour le corroyage, suivant l'adresse des ouvriers que l'on emploie.

Nous observons aussi que le déchet est toujours compris dans l'estimation de chaque pièce ; par exemple, nous avons compté le chevron H, planche 3 à 7 pieds, quoiqu'il n'y ait réellement que 6 p. 7° d'employés aux quatre jets d'eau I, et cela parce que nous ne cherchons qu'à faire connaître ce que coûte l'ouvrage à l'entrepreneur, et non à établir un tarif. C'est donc, selon nous, la pièce entière à compter lorsque le bout abattu n'a aucune valeur, ou ne peut être utile qu'au feu ; du reste, il importe peu de compter de suite la valeur du bois employé à chaque partie de l'ouvrage sans déchet, ou de compter géométriquement le bois employé, et d'estimer à l'aperçu le déchet.

Pour parvenir sans peine à l'estimation de chaque pièce, et surtout des petits morceaux, on peut en supposer un nombre assez grand pour être tiré sans perte dans un nombre de pieds déterminés ; puis diviser le prix de cette quantité de pieds par le nombre de morceaux que l'on pourra en tirer ; on obtiendra par ce moyen facile la valeur d'un seul morceau ;

puis la valeur du nombre nécessaire à l'ouvrage, en les multipliant par le prix d'un seul morceau. Par exemple, si je veux connaître le bois nécessaire aux seize petits bois G de 1 p. 8° de long sur 1° de large, en supposant qu'ils soient pris dans les bouts de bois, je vois qu'en multipliant 8° par 3 j'aurais deux pieds justes, ou pour 3, longueur des petits bois, 5 pieds. Or, si je juge pouvoir en tirer 7 dans la largeur de la planche, 5 pieds m'en donneront 21 ; si 5 pieds coûtent 1, 25, ce sera très près de 6 centimes que coûtera le bois de chaque petit bois.

Voici l'opération à faire dans tous les cas semblables, quand on veut une exactitude rigoureuse.

Prix des 5 pieds. 1 25 | 21 quantité de petits bois tirés dans ces 5 pieds.

        200   0,0595   valeur de chacun.

        110   16   nombre des petits bois dont on cherche le prix.

          5

              3570

              595

            0,9520 prix total des 16 petits bois.

On enregistre autant que possible chaque pièce dans l'ordre qu'elle doit être débitée, c'est-à-dire celles qui doivent être corroyées les premières, afin que si le débit était interrompu, les ouvriers ne manquassent point d'ouvrage.

Instruction sur la Réglure de ce registre et sur les Titres en tête des colonnes.

On portera d'abord en tête du débit, le numéro d'ordre qui renvoie à la description de l'ouvrage, au journal des travaux ; puis au journal des travaux, on inscrira le folio du registre du débit dans la colonne qui lui est préparée (1).

Dans la première colonne du débit des bois est écrit le chiffre de la quantité de pièces pareilles, et portant le même nom.

Les lettres indicatives de la troisième colonne ne sont utiles que lorsque le débit est compliqué, et qu'il y a beaucoup de pièces de même nom, sans être de mêmes dimensions; alors, pour ne rien débiter de trop, on écrit sur le bois avec de la craie, etc. la lettre indicative correspondant au registre. Puis chaque fois que l'on a tracé le débit d'une planche et avant de la déplacer, on pique en marge près du chiffre de quantité, et avec le crayon, autant de petits points que l'on a débité de morceaux semblables; enfin, quand le nombre de points égale le chiffre de la quantité à débiter, on fait au crayon une forte barre sur ces points. Cette barre avertit de ne plus débiter de cette dimension; les lettres indicatives se mettent aussi sur les plans pour faciliter le tracé à l'ouvrier, même le corroyage, en lui faisant connaître la place que chaque morceau doit occuper, lorsqu'il a eu le soin, en corroyant, de récrire la lettre indicative sur le contreparement.

La longueur et la largeur de chaque pièce de l'ouvrage sont portées par pieds, pouces et lignes; l'épaisseur par pouces et lignes seulement.

Les chiffres 5, 6, 7, 8, 9, 10, 11, 12 qui sont sous le

---

(1) On pourra, pour plus de commodité, se servir seulement d'une demi-main de papier préparée pour inscrire les débits, et lorsqu'elle est remplie, en prendre une autre dont le 1ᵉʳ folio suivra le dernier de la main remplie; on agira encore de même pour la deuxième, troisième, quatrième, etc.

titre *longueur et largeur dans lesquelles on doit débiter*, désignent la longueur des planches dans lesquelles on pourra débiter le plus à profit; et les chiffres portés dans l'intérieur de la colonne, sous forme
de fraction 1/9, signifie qu'il faut débiter les morceaux
désignés par cet article, dans une planche de 9 pouces de large.

Cette fraction, dans les colonnes 6 et 10, indique
qu'il faut pour huit battans dormans *A*, plus les quatre traverses *B* (voyez planche 5), une doublette de
10 pieds et une de 6, portant chacune 9 pouces de
largeur, parce que le chiffre de dessus ou le numéra-
teur, désigne le nombre de pièces pareilles à débiter;
celui de dessous ou le dénominateur en indique seulement la largeur.

De même que pour les quatre battans de côté *C*, on
trouve dans la colonne 6, 2/6 qui signifient deux pièces de 6 pieds de longueur, de 6 pouces de largeur,
et de l'épaisseur qui est marquée dans la colonne des
épaisseurs.

Les autres colonnes sont assez détaillées par leurs
titres. On y voit que le nombre de toises trouvées à
chaque article doit être multiplié par le prix de la
toise, et pour faciliter le calcul, nous avons aussi fait
une colonne pour y porter le prix du pied qui s'obtient, en prenant le sixième du prix de la toise. (*Voir*
l'achat des bois.)

Avantages de ce registre.

Le maître pourra l'hiver, du coin de son feu, préparer ainsi ces détails; il ne transportera pas de bois
inutilement, puisque d'avance il sera certain des
longueurs et largeurs, et du nombre de pièces nécessaires à l'ouvrage.

Enfin, chaque pièce étant écrite à sa juste dimension, on pourra débiter sans aucune perte, et de plus, on gagnera le temps qu'il faut perdre à rogner ce que l'on a débité trop long.

Il n'est pas facile de conserver long-temps un grand nombre de plans d'exécution ; mais on peut, par ce moyen, conserver tous les débits qui ont quelque importance, ou dont on prévoit avoir besoin dans la suite.

Livre de Caisse ou Recettes et Dépenses.

Notre première intention était de ne donner que le moyen d'apprécier la valeur de l'ouvrage effectué dans l'atelier ; mais nous avons senti qu'il manquerait quelque chose d'essentiel à notre travail, si nous ne donnions aussi les modèles des registres des dépenses et des recettes, et la manière de tenir ces registres avec économie de temps.

Franklin, ce profond philosophe, ce parfait modèle d'économie, ce véritable ami de l'humanité, et auquel nous empruntons souvent, comme l'ouvrier à son maître, nous dit : « Ne perdez pas de vue que l'ordre dans la dépense est de l'argent, prenez garde de tomber dans l'erreur de ceux qui ont du crédit, c'est-à-dire de regarder, comme à vous, tout ce que vous possédez, et de vivre en conséquence ; pour prévenir ce faux calcul, tenez à mesure un compte exact, tant de votre dépense que de votre recette ; si vous prenez d'abord la peine de mentionner jusqu'aux plus petits détails, vous en éprouverez de bons effets ; vous découvrirez avec quelle étonnante rapidité une addition de menues dépenses s'élève à une somme considérable, et vous reconnaîtrez combien vous auriez pu économiser, par le passé, combien vous pouvez économiser à l'avenir, sans vous occasioner une grande gêne.

Le compte de la recette d'un menuisier-ébéniste est très facile à tenir; ce ne sont presque toujours que des à-comptes de mémoire, ou le paiement d'un meuble ou de plusieurs à inscrire suivant l'ordre naturel de la date, et à mesure que l'on reçoit. Du reste, l'inspection du modèle du livre des recettes, qu'on trouve ci-après, suffira pour le comprendre et le mettre en usage.

Il n'en est pas de même du livre de dépenses, car, si l'on se contentait d'écrire pêle-mêle tous les déboursés, bien que l'on saurait où l'argent a passé, mais on serait encore loin de tirer tout le bon parti que la tenue exacte de ce livre peut procurer, avec un peu de méthode, sans coûter plus de temps.

Il est aisé de concevoir que, si les écritures sont confondues, on éprouvera un grand embarras lorsqu'on voudra extraire les frais de ménage des autres dépenses, qu'il faudra suivre chaque ligne avec une fatigante attention, pour ne rien passer de ce qui appartient au compte de ménage. On aurait encore le même travail à faire pour connaître la somme totale déboursée pour la main-d'œuvre, le mobilier, les marchandises générales, les frais généraux, etc. Mais on appréciera bientôt que, si l'on classait les dépenses en divisant les feuillets du registre en autant de colonnes qu'il y aurait d'objets distincts, et dont on voudrait se rendre séparément compte, et que chaque dépense fût portée dans la colonne qui lui est destinée; il est sensible, dis-je, qu'en additionnant ces colonnes, on obtiendra le total de chaque dépense particulière, et, en les réunissant toutes, on aura la dépense totale.

PREMIERE DIVISION.

Ce livre des dépenses pourrait contenir un grand nombre de colonnes; par exemple : les frais de ménage pourraient se diviser en dépenses, 1° pour la boisson, 2° le chauffage, 3° le pain, 4° la viande, 5° l'éclairage, 6° les autres menues dépenses du ménage.

Mais nous pensons que, pour celui qui suit un train de vie régulier, l'important est qu'il connaisse en masse à la fin de l'année, ce qu'il dépense pour son ménage, afin de pouvoir comparer sa dépense à son revenu; c'est pour cette raison que nous avons réuni tous ces frais dans une seule colonne.

2ᵉ DIVISION.

Le mobilier pourrait aussi se diviser, 1° en dépenses faites pour l'habillement; 2° *id.* pour l'ameublement. La dépense de l'habillement pourrait encore être divisée en trois colonnes; une pour les habits d'homme, la seconde pour ceux de femme, la troisième ceux des enfans. On pourrait faire une colonne pour les outils; une autre pour les ustensiles de ménage, la vaisselle, etc.; mais nous avons encore réuni tous ces détails en une seule colonne pour les mêmes raisons que pour l'article Ménage.

3ᵉ DIVISION.

L'argent donné aux ouvriers pourrait aussi occuper autant de colonnes qu'il y aurait d'ouvriers; mais une seule nous suffira, comme on le verra ci-après.

4ᵉ DIVISION.

Les sommes payées pour les acquisitions des bois, placages, colle, vernis, garnitures, ferremens, et généralement toutes les fournitures et les frais de leur transport, pourraient aussi être divisées en plusieurs colonnes; mais nous les avons réunies en une colonne unique sous le titre de Marchandises générales.

5ᵉ DIVISION.

Les frais généraux pourraient aussi se classer en plusieurs colonnes, la première pourrait comprendre la location, impositions, patente, assurance, réparations locatives; la deuxième les ports de lettres, autres que les avis et les demandes de marchandises(car les frais de cette nature doivent faire partie des marchandises générales). La troisième colonne comprendrait l'intérêt des sommes empruntées. Une quatrième les frais de divertissement. Tous ces articles seront encore confondus dans cette cinquième colonne, sous le nom de faux frais, sauf à les défalquer lorsqu'on voudra connaître la dépense particulière de certains articles, en leur ouvrant un compte particulier; mais alors la recherche sera facile, en ce qu'on n'aura qu'une colonne à parcourir.

6ᵉ DIVISION.

Ces cinq colonnes seraient suffisantes pour inscrire, avec ordre, toutes les dépenses, si ce n'était un cas assez rare, c'est celui de remboursement de sommes empruntées. Nous ne pouvons cependant pas nous dispenser de lui préparer une colonne, parce qu'on ne saurait où classer ce déboursé sans qu'il nuise à l'ordre des autres colonnes. Il faut également ouvrir au livre de recettes une colonne pour y porter l'argent emprunté.

En effet, si j'emprunte une somme, je ne puis regarder cet argent comme le produit de mes travaux. Il faudrait donc toujours que je le retranchasse de la somme totale de mes recettes; cette opération pourrait s'oublier et faire croire à des bénéfices illusoires et trompeurs.

De même, si je n'ouvre pas de colonne au livre de l'argent déboursé pour le remboursement des sommes empruntées, je ne puis faire entrer cet argent dans aucune dépense, puisque je n'ai rien acheté avec.

Quant aux intérêts des sommes empruntées, ils feront partie des faux frais, comme il est dit au 3e art. de la 5e division.

7e DIVISION.

Enfin une septième colonne placée à la droite de toutes les autres, servira à y insérer le total de la dépense journalière, et sera le contrôle d'un livre auxiliaire dont nous allons parler.

Du Brouillard des Dépenses.

Pour tenir ce livre des dépenses en sept colonnes avec ordre, sans confusion dans les écritures, sans perte de papier, pour pouvoir détailler autant qu'on le désire l'objet de la dépense, et pour qu'enfin la dépense du mois n'occupe qu'un feuillet du registre, et soit vu d'un coup d'œil dans son ensemble ; il est nécessaire d'avoir un livre auxiliaire, nommé brouillard, des dépenses, dont le modèle suit, et duquel nous allons nous occuper (1).

Sur ce brouillard, on détaille successivement toutes les dépenses aussitôt qu'elles sont faites, tout l'argent déboursé pour quelque cause que ce soit; puis, quand on le veut, on reporte dans chaque colonne du registre des dépenses, les sommes déboursées chaque jour pour ce qui les concerne. Voici un moyen simple d'éviter les erreurs de transposition du brouillard sur le livre des dépenses; on portera à gauche de chaque article du brouillard le chiffre correspondant du livre des dépenses; on additionnera sur un papier quelconque les sommes des articles désignés par le même chiffre, puis on portera la somme unique d'un jour dans la colonne qui doit la recevoir.

---

(1) On trouve aujourd'hui des agenda, sous forme des registres imprimés, chez les libraires et papetiers, à 1 fr. 25 c. ou 1 fr. 50 c. Ces petits registres, en usage dans toutes les maisons qui tiennent à l'ordre, sont très propres à remplacer le brouillard, tous les jours de l'année y sont typographiés, séparés par 10 lignes, sur lesquelles on peut détailler 10 objets différens. Cette dépense annuelle procure encore une économie de temps, dont la valeur excède le prix de l'acquisition. Le brouillard et le livre de dépenses peuvent fort bien être tenus par une femme intelligente qui tient à sa tranquillité, à la prospérité de sa maison et à l'ordre de son ménage.

Colonne des numéros du registre des dépenses.		

MODÈLE DU BROUILLARD DES DÉBOURSÉS.

Du 1ᵉʳ juin 1833.

			fr.	c.
N° 1. { 0,90 / 0,30 / 1,20 }	1	Pot-au-feu, 2 livres à 0,45.	0	90
	1	Salade.	0	30
	4	Traite Stivant, de Givet, pour colle-forte.	95	00
	2	Payé à Belcouppe, tailleur, son mémoire du 17 mai dernier.	70	00
	3	*Idem* à Lanimé, ouvrier.	25	00
	6	Remboursé à M. Ruinard la somme de trois cents francs qu'il m'a prêtée le 15 janvier 1830.	300	00
	5	Plus, les intérêts à 6 p. %..	60	77
		TOTAL. . .	551	97

Du 2.

			fr.	c.
N° 1. { 1,20 / 1,00 / 0,20 / 2,40 }	1	Pain, 8 livres..	1	20
	5	Location.	100	00
	5	Port de lettres de Rouen.	0	30
N° 5. { 100,00 / 0,30 / 1,10 / 101,40 }	1	Veau, 2 livres.	1	00
	1	Lait..	0	20
	3	Fignolet, ouvrier.	10	00
	3	Brusquin, *idem*.	5	00
N° 3. { 10,00 / 5,00 / 15,00 }	5	Au vitrier, pour 2 carreaux à l'atelier.	1	10
		TOTAL. . .	118	80

Du 3.

NOTA. On peut presque toujours faire, dans la marge du brouillard, les additions partielles. Dans l'exemple du modèle ci-dessus, nous n'avons, le 1ᵉʳ juin, que deux articles de ménage à additionner, et au lieu d'écrire le mot ménage auprès de cette addition, on le représente par le n° 1, le mobilier par le n° 2 et ainsi des autres.

MODÈLE DU LIVRE DES DÉPENSES.

JUIN 1833.

QUANTIÈME	1. Mé- nage	2. MOBILIER.	3. MAIN- D'ŒUVRE.	4 MARCHANDISES GÉNÉRALES.	5. FAUX FRAIS GÉNÉRAUX.	6. REMBOURSE- MENT D'EMPRUNTS.	7. TOTAL JOURNA- LIER.
		f. c.	f. c.	f. c.	f. c	f. c	f. c.
1	1 20	Tailleur. 70 00	Lauimé. 25 00	Colle... 95 00	Intérêts. 60 77	Ruinard 300 00	551 97
2.	2 20	» » »	Divers.. 15 00	» » »	101 40	» » »	118 80

Chaque mois on additionnera les sommes des six premières colonnes. Le total devra être égal à celui de la septième colonne. Cette opération trouvée exacte sera le contrôle du brouillard des déboursés, c'est-à-dire prouvera que tout ce qui a été porté à ce brouillard a été entièrement passé sur le livre des dépenses.

On connaîtra que rien n'a été oublié soit de la dépense ou de la recette. Si, après avoir fait l'addition de la recette et en ayant déduit la dépense, on trouve le chiffre exact de la somme qui reste dans la caisse.

Par exemple, dans le tableau ci-après j'ai reçu, en paiement de travaux, 864 fr. plus 200 fr. que j'ai empruntés : il est donc entré chez moi, dans le courant de juin 1833, 1064 fr. J'avais en caisse le 1er juin 517 fr., 35 c.; j'aurais donc possédé en espèces, fin de ce mois, si je n'avais rien dépensé ou déboursé, 1581 fr. 35 c.; mais, comme la dépense est de 1410 fr., 20 c., j'ai dû la soustraire de la somme totale de caisse pour obtenir enfin ce qui me restait réellement en caisse, le 1er juillet : j'ai trouvé la somme de 171 fr. 15 c. dans la caisse, ainsi que sur le registre; d'où j'ai conclu qu'aucune omission n'avait été commise ni dans la recette, ni dans la dépense. J'ai recommencé le mois de juillet de la même manière, en portant en tête : *Le 1er juillet, en caisse* 171 fr. 15 c., etc.

Ces trois livres ayant été tenus conformément à ce qui vient d'être dit, s'il y avait quelques erreurs, on cherchera d'abord si elles proviennent d'avoir oublié d'inscrire exactement la recette, ou négligé quelque article de dépense.

On voit que l'on a négligé d'inscrire à la recette lorsqu'il reste plus en caisse que sur le registre, c'est-à-dire que si j'avais oublié d'inscrire les 100 fr. de M. Lhéritier, je n'aurais trouvé en caisse sur le registre que 71 fr. 15 c., tandis que j'avais réellement en espèces 171 fr. 15 c. De plus, mes livres ne pouvaient être d'accord avec la caisse qu'autant que j'aurais commis la double erreur de marquer 100 fr. de trop à la dépense. Ce cas est extraordinaire, et quoiqu'il soit possible, comme les erreurs dans les preuves des règles d'arithmétique, on se croit communément assez certain de l'exactitude des comptes, lorsque les chiffres du registre s'accordent avec l'argent trouvé dans la caisse.

Quand on voudra se rendre compte de la dépense annuelle du ménage et des frais généraux, on réunira les sommes trouvées chaque mois pour ces objets de pure consommation. A cette somme on ajoutera approximativement les objets du mobilier qui pourront être détruits. Enfin, on appréciera leurs détériorations depuis leur acquisition.

Cette espèce de petit inventaire fera connaître, à

bien peu de chose près, la dépense totale de l'entretien, des faux frais et de la nourriture, et procurera à l'entrepreneur la connaissance exacte des bénéfices qu'il doit obtenir sur ses travaux, pour se soutenir et prospérer.

La personne qui désirera ouvrir des comptes particuliers à quelques dépenses particulières, pourra écrire en abrégé dans les colonnes l'objet de la dépense. Cette précaution journalière lui épargnera, fin de l'année, de longues recherches sur le brouillard des déboursés.

Par exemple, nous avons supposé qu'on voulût connaître la dépense en habillemens. Nous avons porté dans la deuxième colonne seulement le mot Tailleur; on pourrait y substituer celui d'Habillement, et pour les meubles celui d'Ameublement; enfin le titre convenable ou convenu. L'important est de s'entendre dans ce qu'on fait. Du reste, s'il y avait quelque équivoque on leverait aussitôt le doute, en recourant au brouillard des déboursés à la même date.

On agirait de même pour tous les autres articles des autres colonnes, à peu près de la manière que nous avons indiquée plus haut dans chaque division.

Quant à la troisième colonne de la main-d'œuvre, lorsqu'on ne paie qu'un ouvrier le même jour, on peut y porter son nom; puis, quand on fait la paie on consulte le livre des dépenses, pour reporter à son compte courant toutes les sommes qu'on lui a avancées; mais, lorsqu'on en a payé plusieurs le même jour, on écrit *divers*, après quoi on porte la somme totale payée à chacun, et quand on règle les comptes, on se reporte sur le brouillard pour extraire la part de chacun, que l'on porte ensuite à chaque compte particulier. De cette manière on obtient les détails les plus étendus.

MODÈLE DU LIVRE DES RECETTES.

QUANTIÈME.	JUIN 1833. LE 1ᵉʳ, ESPÈCES EN CAISSE 517 f. 35 c.	FOLIO des comptes courans.	NUMÉRO d'ordre de l'ouvrage.	EMPRUNTS.	PRODUIT brut des travaux.
					f. c.
6.	Reçu de M. Courtois, pour solde d'une commode..........	20	2		138 00
10.	*Id.* de M. L'Héritier, à compte.........	7	»		100 00
17.	*Id.* de mademoiselle Raimonde, solde d'une couchette.........	69	7		13o 00
26.	*Id.* de M. Trichard, solde de tout compte.........	20	»		346 00
29.	M. Metvil, m'a prêté à 7 p. c/o 200 fr.; je lui ai fait mon billet au 20 septembre prochain.........			f. c. 200 00	
3o.	M. Bernard, solde de son billet à mon ordre.........				15o 00
	Recette totale pour ouvrage..........				864 00
	Emprunts.........				200 00
	Reçu en total dans ce mois..........				1064,00
	δ'avais eu caisse, le 1ᵉʳ du mois..........				517,35
	TOTAL de caisse..........				1581,35
	A déduire les dépenses du mois qui s'élèvent en total à..........				1410,20
	Il doit rester en caisse le 1ᵉʳ juillet..........				171,15

INSTRUCTION

SUR

LES COMPTES COURANS DES OUVRIERS.

Voir ce modèle fin du volume, sous celui du livre du débit des bois.

On commence l'ouverture de ce registre, en portant au répertoire qui y est établi par ordre alphabétique, sur les derniers feuillets, les nom et prénoms de l'ouvrier et le chiffre du folio où est détaillé son compte.

Sur notre modèle, le compte de *Lanimé* occupe le folio 10 de ce registre.

En écrivant sur la première ligne, *transport d'autre part*, nous donnons à entendre que, lorsque le compte d'un mois n'est pas achevé sur un feuillet, on additionne d'abord toutes les sommes qu'on reporte sur l'autre côté, et en plaçant chaque somme dans la colonne qui lui appartient; puis on continue d'inscrire les détails du mois.

Nous avons fait deux colonnes au *doit* de l'ouvrier. La première, pour inscrire en détail les avances qu'il a reçues, ou les sommes qui lui ont été payées dans le courant du mois, et le total de ces sommes particielles additionnées par quinzaine ou par mois, sera porté dans la deuxième colonne.

Nous avons fait de même deux colonnes à l'*avoir*. Dans la première sont portés, en détail, les gains que l'ouvrier a faits soit à ses pièces ou à la journée; le total de l'addition de ces sommes est également porté par mois ou par quinzaine dans la deuxième colonne.

Par le moyen de ces deux colonnes des sommes payées et gagnées, on juge de suite, à l'œil, le compte qui doit à l'autre : une simple soustraction, dans tous les cas, suffit pour s'assurer de leur différence.

Dans la colonne qui a pour titre *Numéro d'ordre*, est porté celui de l'ouvrage confectionné par l'ouvrier lorsqu'il travaille à ses pièces, afin d'éviter de longs détails qu'on retrouve, au besoin, sur le journal des travaux. Ce numéro évite encore toute confusion dans la désignation des ouvrages de même dénomination.

FIN.

TABLE DES MATIÈRES.

Imprimerie de BACQUENOIS et Cⁱᵉ,
rue Christine, nᵒ 5.

SOUS-DÉTAILS.

. --- 4 Croisées. N° 1.

				66	54
. . . . ci.				11	o5
				77	39
le mémoire la somme de.	84	» »		75	6o
el	75	6o		1	79
Premier bénéfice.	11	o5			
. . . .					
. . . .	1	79			
2 centimes pour cent	.9	26			

,92

Journal de la main-d'œuvre.

Année 1833. — Occupation de M. LANIME, Menuisier-Ébéniste. — Mars.

NUMÉROS D'ORDRE.

	COMMENCE	QUITTE	1 CROISÉES	2 CONSOLE		3 PLINTHES	4 CHASSIS	8 SECRÉTAIRE	TEMPS employé chaque jour en travail, revenix de 12 heures.

Transport de l'avant-feuille.

Addition de chaque colonne.

Total des jours, heures et minutes de travail dans ce mois.

Prix convenu de la journée.

Pour dix heures.

Le prix de l'heure est celui de la journée, divisé par le nombre d'heures dont est composée la journée, d'après l'usage des lieux.
Dix minutes égalent un sixième d'heure. On peut négliger tout ce qu'il y a en moins.
Somme totale gagnée à la journée par M. Lanimé, dans ce mois, quarante-deux heures ... centimes.

ANALYSE DES SOUS-DÉTAILS.

Désignation de l'Ouvrage. — 4 Croisées. Nº 1.

Temps passé aux sept opérations ci-dessus désignées.

	heures	minut.		heures	minut.
1. Trajet, aller et retour, pourparlers	5	·	*Transport d'heures et minutes*	13	·
2. Plan d'ensemble	6	·	5. Soins de conduite	5	·
3. Devis et marchés	·	·	6. Écritures journalières, 9 jours à 8 minutes	1	12
4. Débit	4	·	7. Mémoires et toisés	3	·
Heures et minutes à reporter	13	·	Total des heures et minutes	19	12

Prix de l'heure ... 50 cent.
7,60
Pour 12 minutes ... 8

Total de francs et centimes de l'occupation du maître ou contre-maître ... 8,08

à porter dans la colonne des sommes qui doivent composer l'ouvrage, ci ... 8 | 08

8. Détail du prix coûtant de la main-d'œuvre par les ouvriers dont les noms suivent :

Lanimé ...

Coût total de la main-d'œuvre ... 22 | 05

9. Faux frais de main-d'œuvre, neuf jours, à ... centimes par jour, font ... 90 | 23 | 53
10. Bois, plaçage et déchet détaillés au folio 15 des débits du bois ... 22 | 12
11. Calibres extraordinaires ...
12. Faux frais mensuels, neuf jours à 35 centimes par jour, font ... 3 | 15
13. Faux frais de mon occupation, un jour à 75 centimes ... 75 | 3 | 50
14. Clous détaillés, quarante-cinq clous picards à 2 centimes ... 1 | 90
15. Colle fondue, ... onces à ... l'once ...
16. Pierre, papier de verre, tripoli, chiffons ...
17. Vernis ...
18. Cire ... centimes, essence ... centimes, huile ... centimes ...
19. Couleur ...
20. Garnitures et fournitures diverses ...
21. Chauffage de dix jours, en total 12 centimes par homme, par jour ... 1 | 70
22. Éclairage, neuf jours, trois heures par jour, ou tout vingt-sept heures à ... centimes l'heure ... · | 54
23. Emballage ... francs ... centimes ; transport chez le serrurier, un quart de jour ... 1 | 50
24. Faux frais imprévus, ou battant menteau cassé 1 fr. 75 cent., jeu aux croisées après la pose, un quart de jour ... 2 | 65
25. Intérêts des fonds roulans de 67 francs pendant huit mois, à un demi centime le franc par mois ... 54 | 2 | 19
26. Somme totale faite par l'entrepreneur, ou le fabricant ... 166 | 54
27. Bénéfice d'un sixième accordé ordinairement, ou 16,66 pour cent ... ci ... 11 | 05

Formant ensemble le total de la valeur de l'ouvrage ... 77 | 59
28. Mais, d'après les prix communs d'usage, on a porté en demande sur le mémoire la somme de ... 84 | 35 | 60
29. Laquelle somme fut réduite à celle de 92 centimes le pied superficiel ... 75 | 60

Premier bénéfice ... 11 | 05 | 1 | 79

30. Excédent du premier bénéfice, avantage à ajouter ...
31. Réduction sur le premier bénéfice, perte à retenir ... 1 | 79
32. Bénéfice industriel net et réel, 9 francs 56 centimes, ou 15 francs 52 centimes pour cent ... 9 | 56

Car 166,54 : 9,56 :: 100 : 13,90

Achat des Bois.

SOMMES dues au MARCHAND.		FAUX FRAIS PROPORTIONNELS.				PRIX COUTANT du cent de toises, faux frais réunis à l'achat.		DÉPENSE TOTALE de l'achat et des frais.	
		entrée, transport, remisage.		par cent de toises.					
f.	c.	f.	c.	f.	c.	f.	c.	f.	c.
	52	22	66	27	50	227	50		
	7	5	64	17	55	147	55		
	50	7	87	17	55	147	55		
	55	24	1	18	71	151	71		
	25	8	24	17	55	147	55		
	50	1	72	18	71	151	71		
	.	10	26	14	65	124	65		
	70	5	7	17	55	147	55		
	50	16	13	12	71	105	71		
	95	100	»	. . . .	. . .	. . .	. . .	842	95

...u Bois.

VALEUR	ESPÈCES	QUANTITÉ de toises		PRIX		VALEUR

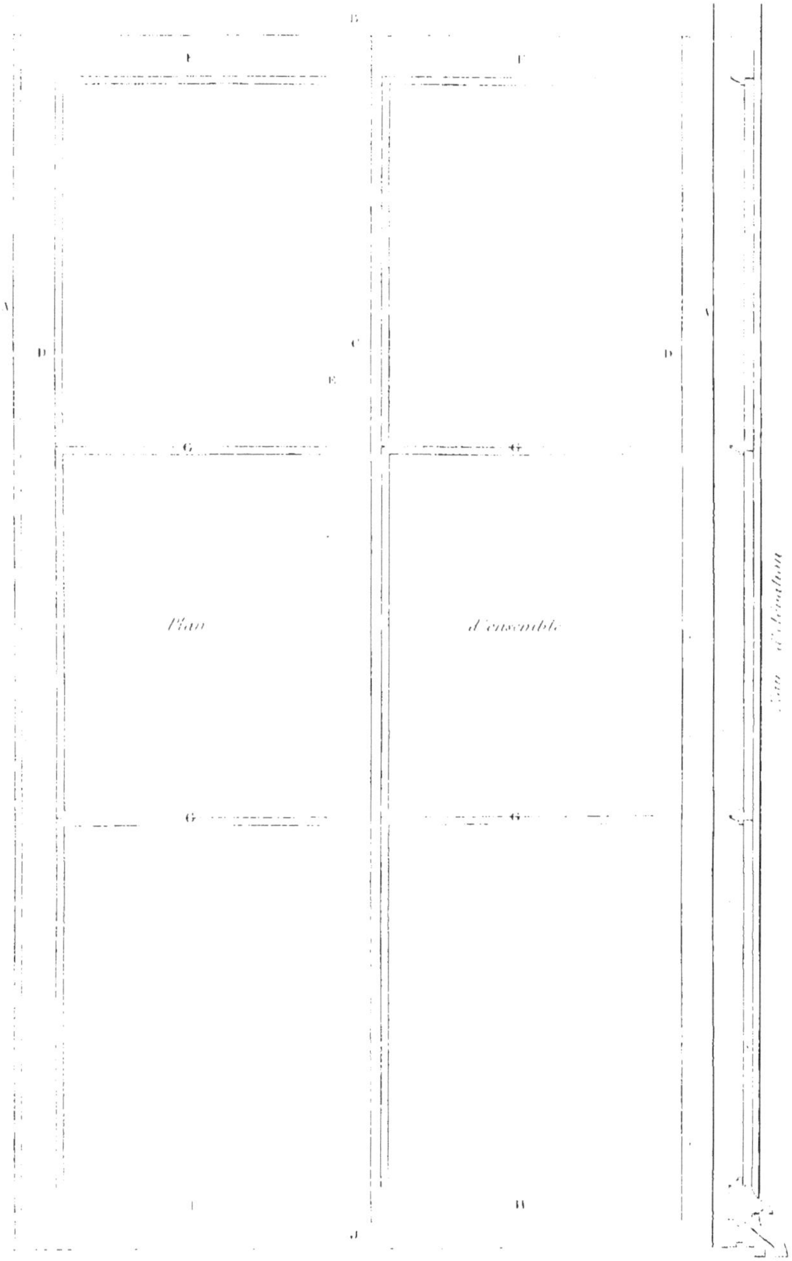

Plan   d'ensemble
Plan géométral

Pl. 4

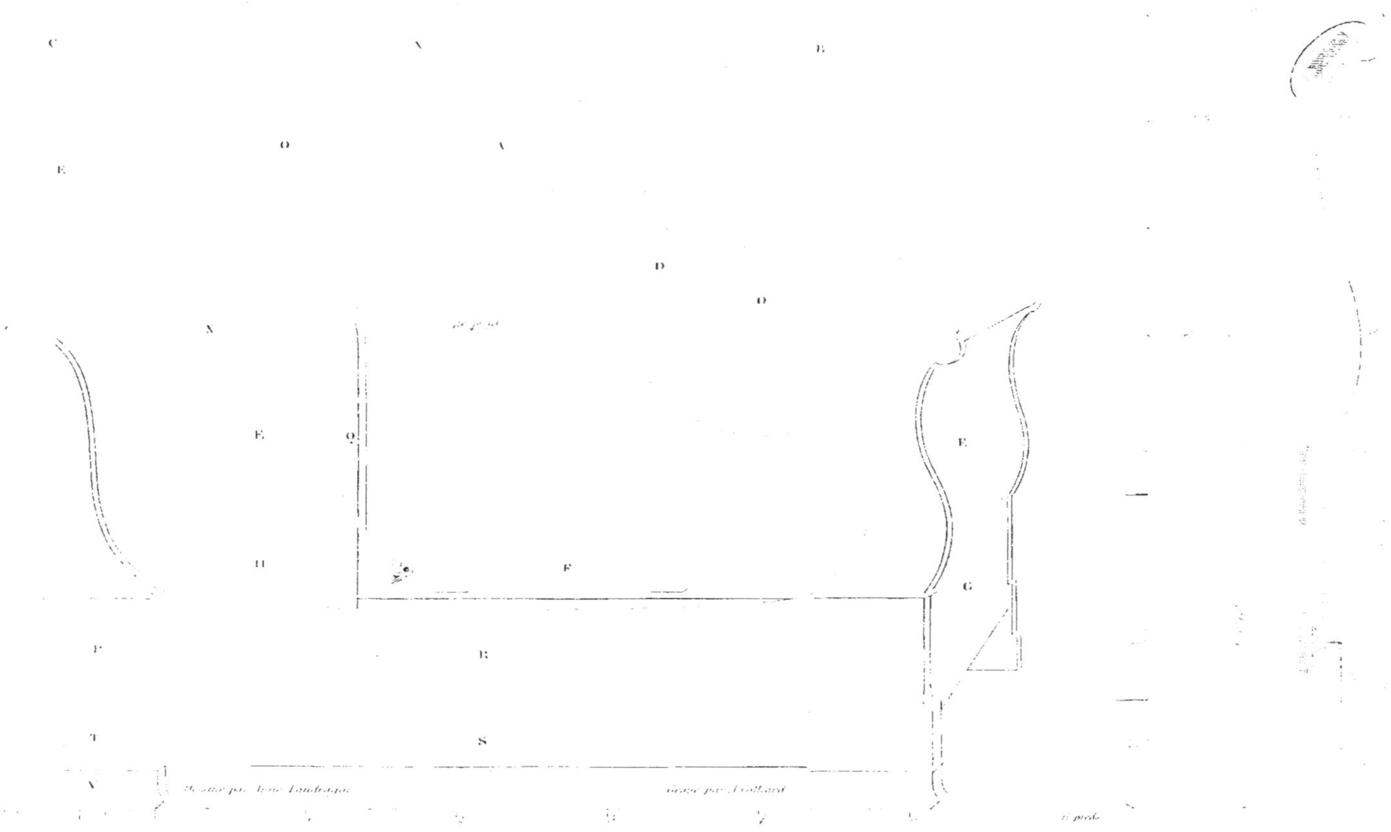

Dessiné par [illegible] Landseer   Gravé par J. Collard

n pieds

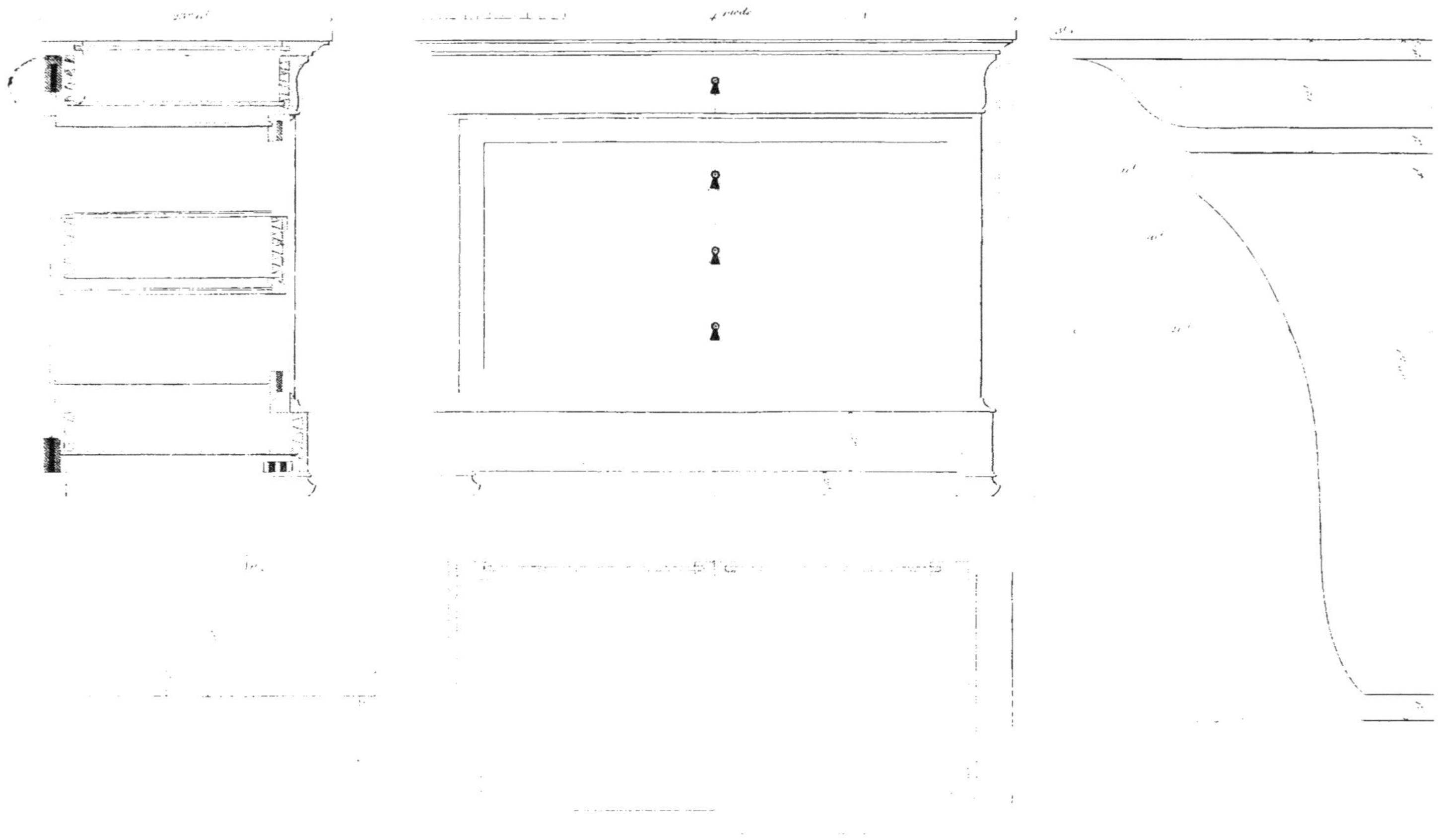

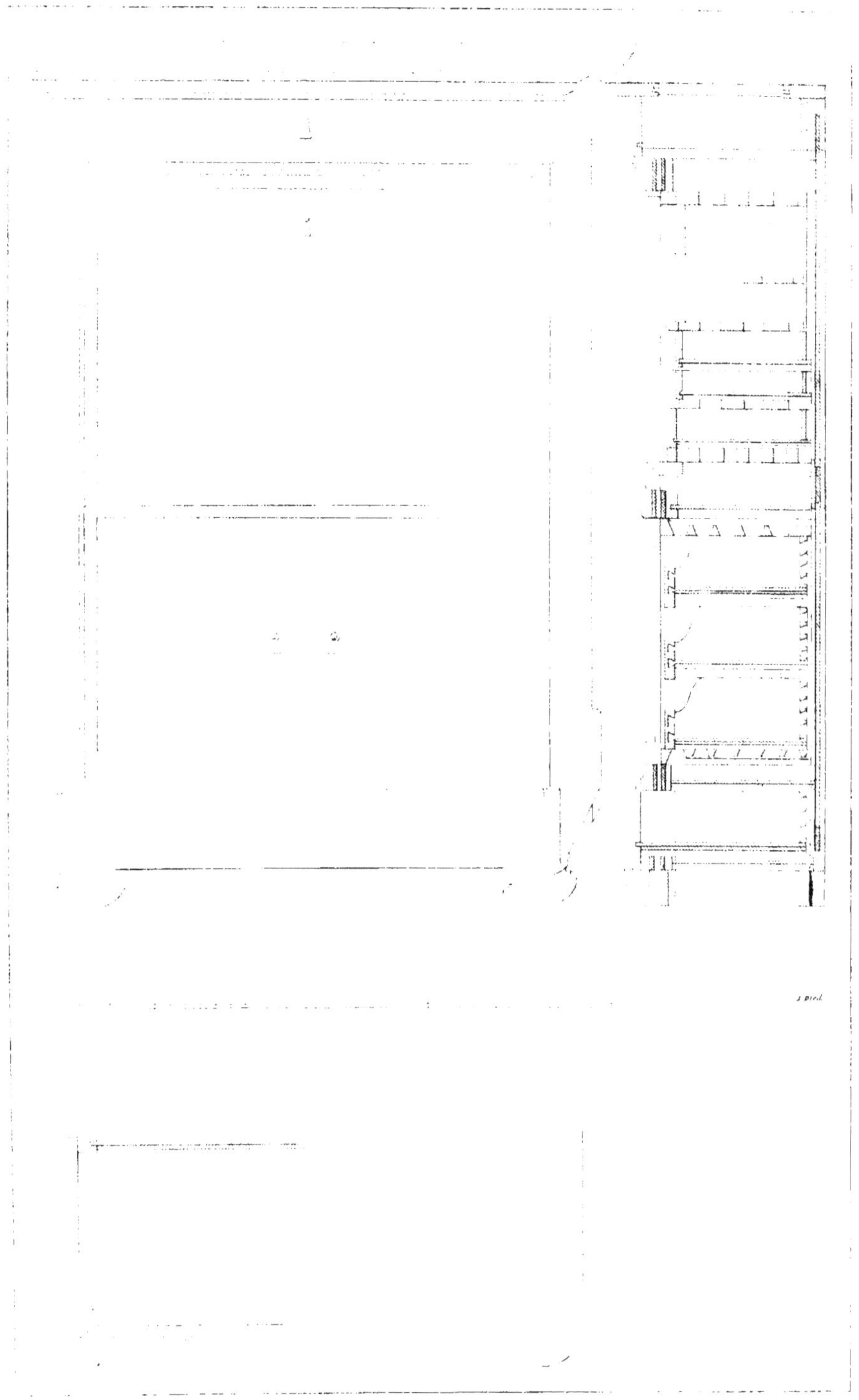

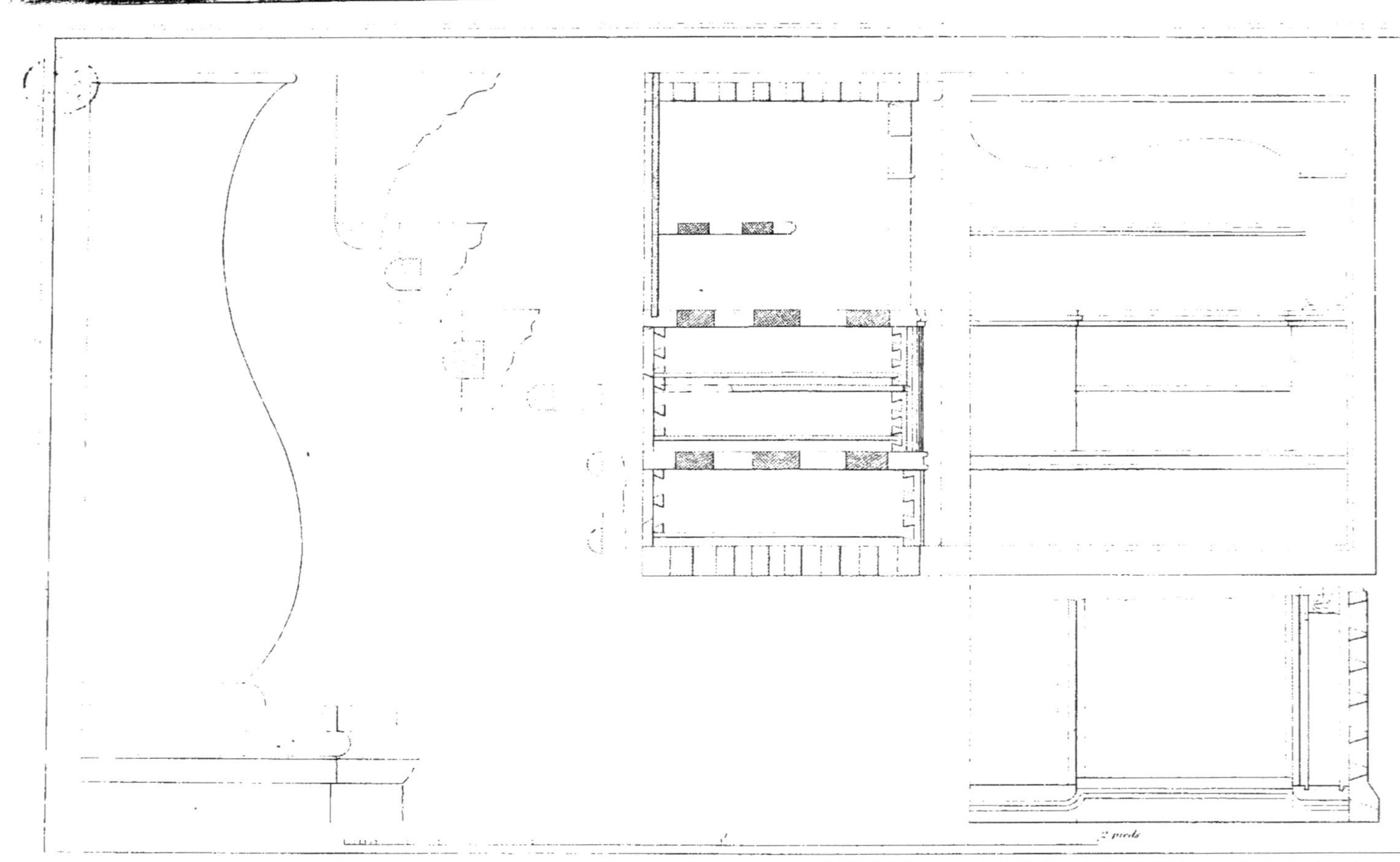

2 pieds
2 pieds

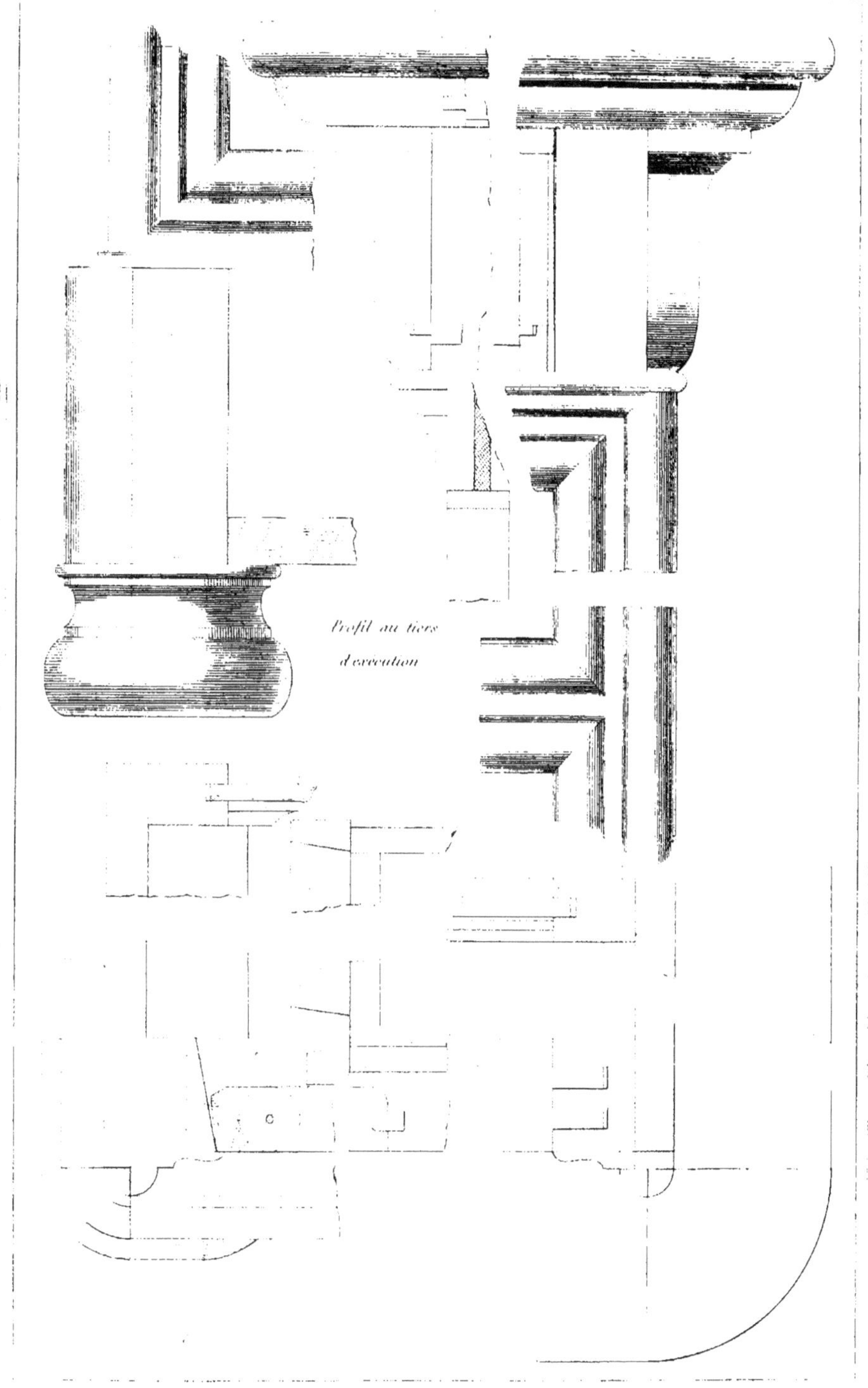
Profil au tiers
d'exécution

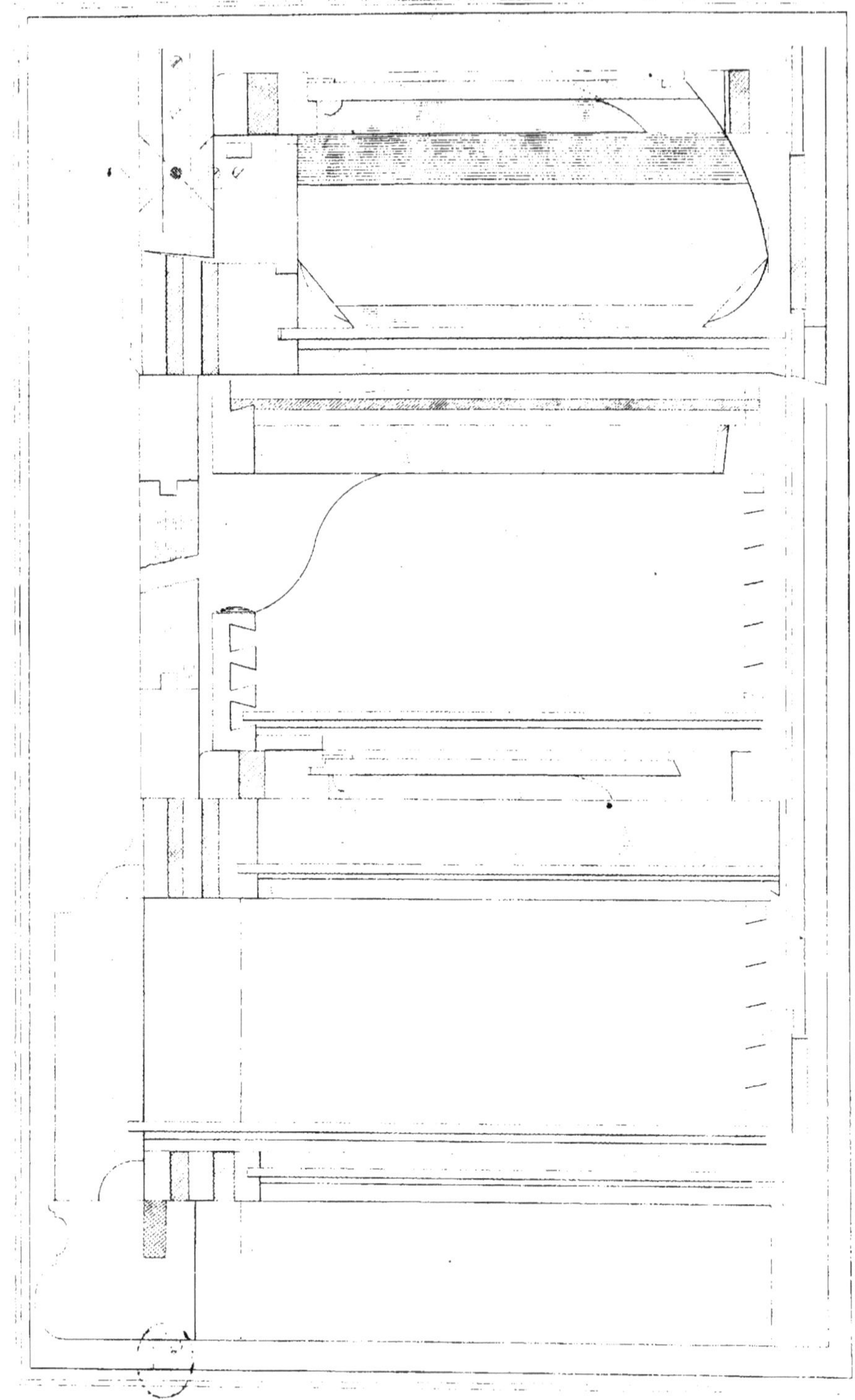

AVIS.

On vend à la même adresse par main et 1/2 main, les feuilles lithographiées des registres composés pour suivre cette méthode.

Les pages des différens registres sont diversement ornées d'attributs lithographiés analogues à la menuiserie ; les réglures sont disposées, les colonnes préparées, et leurs titres proprement écrits ainsi que toutes les écritures et tous les chiffres possibles à faire d'avance, à l'instar des registres dont on se sert dans les administrations, de manière à n'avoir plus que très peu d'écriture et les chiffres à faire pour mettre en ordre l'ouvrage le plus compliqué.

Le prix de chaque main non reliée est de 4 francs prise au bureau, la demi-main 2 francs.

Le genre, la qualité et la couleur des couvertures des registres étant de fantaisie, nous avons pensé que beaucoup de personnes prendraient le parti de les faire relier; cependant plusieurs modèles seront offerts au choix de l'acheteur, et confectionnés à juste prix selon ses désirs.

OUVRAGES DU MÊME AUTEUR
PRÊTS A PARAITRE.

1° Le Toisé facile des surfaces appliqué à la Menuiserie et à l'Ébénisterie, contenant de nouveaux moyens de mesurer les cercles et les ovales, ou élipses, ainsi qu'un moyen (inventé par l'auteur), de toiser et cuber par pieds pouces, et lignes aussi facilement que par le calcul métrique.

2° Un petit Traité sur les ellipses, suivi des moyens les plus faciles à employer dans la pratique.

3° Les moyens les plus simples et les plus exacts pour diviser les cercles en autant de parties qu'on le désire.

4° On trouvera aussi sous peu les parallèles des meubles les plus modernes, gravés au trait, avec détails en grand, des principales moulures et assemblages. Les meubles seront représentés en perspective. Deux feuilles de corniches, et une de couchettes sont en vente.

5° Des feuilles de profil, de moulures, corniches et chambranles, grandeur d'exécution.

Les souscripteurs à cette méthode seuls auront l'avantage de recevoir gratis et franches de port les annonces de chacun des ouvrages de l'auteur, à mesure qu'ils paraîtront.

AFFRANCHIR.